A SOMBRA EM NÓS

Dados Internacionais de Catalogação na Publicação (CIP)
(Câmara Brasileira do Livro, SP, Brasil)

Kast, Verena

A sombra em nós : a força vital subversiva / Verena Kast ; tradução de Markus A. Hediger. – Petrópolis, RJ : Vozes, 2022.

Título original: Der Schatten in uns
Bibliografia.

3ª reimpressão, 2024.

ISBN 978-65-5713-510-5

1. Sombra (Psicanálise) I. Título.

22-109439   CDD-154.2

Índices para catálogo sistemático:
1. Sombra : Psicanálise : Psicologia 154.2
Cibele Maria Dias – Bibliotecária – CRB-8/9427

Verena Kast

A SOMBRA EM NÓS

A força vital subversiva

Tradução de Markus A. Hediger

Petrópolis

Primeira publicação em 1999 por Walter Verlag
© 2016 Patmos Verlag. Verlagsgruppe Patmos der Schwabenverlag AG, Ostfildern

Tradução do original em alemão intitulado *Der Schatten in uns. Die subversive Lebenskraft*

Direitos de publicação em língua portuguesa – Brasil:
2022, Editora Vozes Ltda.
Rua Frei Luís, 100
25689-900 Petrópolis, RJ
www.vozes.com.br
Brasil

Todos os direitos reservados. Nenhuma parte desta obra poderá ser reproduzida ou transmitida por qualquer forma e/ou quaisquer meios (eletrônico ou mecânico, incluindo fotocópia e gravação) ou arquivada em qualquer sistema ou banco de dados sem permissão escrita da editora.

CONSELHO EDITORIAL

Diretor
Volney J. Berkenbrock

Editores
Aline dos Santos Carneiro
Edrian Josué Pasini
Marilac Loraine Oleniki
Welder Lancieri Marchini

Conselheiros
Elói Dionísio Piva
Francisco Morás
Gilberto Gonçalves Garcia
Ludovico Garmus
Teobaldo Heidemann

Secretário executivo
Leonardo A.R.T. dos Santos

PRODUÇÃO EDITORIAL

Aline L.R. de Barros
Marcelo Telles
Mirela de Oliveira
Natália França
Otaviano M. Cunha
Priscilla A.F. Alves
Rafael de Oliveira
Samuel Rezende
Vanessa Luz
Verônica M. Guedes

Diagramação: Sheilandre Desenv. Gráfico
Revisão gráfica: Alessandra Karl
Capa: Ygor Moretti

ISBN 978-65-5713-510-5 (Brasil)
ISBN 978-3-8436-0738-4 (Alemanha)

Este livro foi composto e impresso pela Editora Vozes Ltda.

Sumário

Prefácio, 7

A sombra: um conceito de C.G. Jung, 9
Persona e sombra, 13
    A função da *persona*, 16
    A socialização da *persona*, 18
    A existência embelezada e a sombra, 21
A sombra, 25
    A sombra dos outros é interessante, 28
    A nossa própria sombra é um incômodo, 30
    A defesa contra a sombra, 32
    O *doppelgänger*, 34
    Irmãs-sombra/irmãos-sombra, 37
    Sobre o convívio com a sombra cotidiana, 39
    Pego num comportamento de sombra, 44
    A imposição da sombra, 45
A "*persona* impessoal", a "sombra impessoal", 51
A sombra como o estranho, 55
    O estranho como aquilo que fascina, 57
    O estranho como o assombroso, 60
    A sombra como os estrangeiros, 61
    Mas será que realmente somos tão estranhos uns para os outros?, 63

A sombra coletiva, 65
　O mal, 66
　A sombra coletiva e a questão de uma ética nova, 71
　A sombra coletiva, 74
　Uma nova ética?, 77
Modelos de aceitação da sombra, 87
　Aceitação da sombra no mito, 87
　Inana e Eresquigal, 88
　Aceitação da sombra no conto de fadas, 96
　Por meio do desenvolvimento à aceitação de uma sombra complementar, 112
　A luta com a sombra: Gilgamesh e Enquidu, 118
　Luta com a sombra – amizade de conflito, 123
A aceitação da sombra complementar e da sombra análoga, 127
　A sombra complementar – o lado desconhecido, 127
　A aceitação da sombra análoga por meio da luta, 130
O que dificulta a aceitação da sombra, 133
　Prefiro morrer a ser humilhado, 133
　O conglomerado de sombras, 139
A sombra no relacionamento, 147
　Fazer com que o outro "digira" nossa sombra, 148
　A delegação da sombra, 152
　A sombra "compartilhada" é mais significativa do que a sombra "solitária", 153
　A sombra dos ideais relacionais, 157
　A sombra da família, 159
A força explosiva da sombra, 165
As mulheres sombreadas, 169
Conclusão, 173
Agradecimentos, 177
Bibliografia, 179

Prefácio

Existem temas que nunca perdem sua atualidade, como, por exemplo, o tema da sombra humana. Quem não conhece o conto *O estranho caso do Dr. Jekyll e Sr. Hyde*, de Robert Louis Stevenson. O Sr. Hyde, que se esconde e comete seus crimes durante a noite, e o Dr. Jekyll, o filantropo e benfeitor. A história não trata de duas pessoas diferentes, mas dos dois lados de uma única pessoa: um lado é tão brilhante, tão belo; o outro é abominável, a sombra. As diferenças entre a postura consciente e a imagem nossa que gostamos de apresentar, de um lado, e os aspectos reprimidos, menos vistosos e condenáveis, de outro, não são tão extremas quanto nessa história – mas, como exemplo, essa história serve muito bem. A sombra, a ameaça escondida, o proibido, aquilo que devemos confrontar, mas que, muitas vezes, não conseguimos encarar.

É claro que as pessoas estão cientes de sua sombra; a maioria dos contos trata dela e de como podemos lidar com isso. Mesmo assim: ela é projetada, é vista nos outros e até contemplada de modo um tanto voyeurista – a sombra está no outro, não em mim! Ela é criticada no outro e negada em si mesmo.

Em 1912, C.G. Jung formulou o conceito da sombra pela primeira vez, e acredito que todos os autores junguianos tenham se aprofundado nesse tema. Mas o conceito que, à primeira vista, descreve de modo tão evidente a contradição entre aquilo que queremos ser e aquilo que também somos, mesmo que isso nos envergonhe, é muito mais profundo. Muitas vezes, a sombra nos é estranha, ela não é simplesmente "má", mas estranha, e por isso ela nos assombra, como muitas outras coisas que não conhecemos ainda. Mas sabemos que projetamos a sombra facilmente, portanto, um convívio consigo mesmo que seja sensível à sombra também influencia a maneira em que convivemos com estranhos e o estranho – um tema importante.

Neste livro falo sobre alguns aspectos do convívio com a sombra na nossa própria vida, na vida dos casais e da sociedade. Fico feliz com a publicação deste texto, e agradeço de coração à minha revisora Christiane Neuen pelo seu empenho e a cooperação, que, como sempre, foi muito agradável.

Verena Kast
Dezembro de 2015

A sombra: um conceito de C.G. Jung

Onde cai luz, surge sombra; quando há sombra, há também uma fonte de luz: claro e escuro determinam um ao outro, um faz parte do outro. O que vale na natureza vale também para a personalidade: nós iluminamos determinados aspectos nossos para que eles sejam vistos e, assim, outros aspectos nossos passam a ficar na sombra. Ou tentamos, desde o início, esconder alguns lados nossos na sombra – ou na escuridão.

Essa metáfora de luz e sombra aponta para dois conceitos de C.G. Jung, e ambos determinam um ao outro: *persona* e sombra. Entendemos como sombra de uma pessoa aqueles traços da personalidade que jamais devem ser revelados ao mundo nem devem ser vistos por outros. Pois quando isso acontece, a pessoa afetada perde sua reputação, o que, para a maioria das pessoas, significa sentir vergonha e medo.

A sombra pessoal de um ser humano pode ser um atributo individual da personalidade vinculado a um comportamento específico e que esse ser humano não consegue aceitar, por exemplo, inveja ou avareza; mas ela pode se referir também a todas as qualidades e modos de comportamento conscientes em determinado momento que não conseguimos aceitar em nós mesmos e que, por isso, reprimimos. Existe, porém, sempre também uma sombra que se esconde de nós mesmos.

O conceito psicológico da sombra é de grande relevância. Jung o mencionou pela primeira vez em 1912 (Jung, *OC* 5), no contexto do tema do "irmão-sombra" em *O elixir do diabo*, do poeta alemão E.T.A. Hoffmann. Desde então, a sombra passou a ocupar o pensamento de Jung; principalmente nos anos de 1939 e 1945/1946 sua obra fala muito da sombra. Em 1948, Erich Neumann, um aluno importante de Jung, publicou uma obra sobre o tema: *Tiefenpsychologie und neue Ethik* [Psicologia profunda e nova ética], um tratado sobre a sombra e uma sugestão de como integrá-la.

Segundo Jung, quem "descobriu" o tema da sombra foi Sigmund Freud (Jung, *OC* 16, § 145). Jung vê o "método do esclarecimento" freudiano como a "elaboração mais minuciosa do lado sombrio do homem". Ele não permite nenhuma ilusão sobre a natureza do ser humano e é o melhor antídoto contra uma visão excessivamente idealizada da personalidade humana. No entanto, Jung acrescenta – e esse é um traço típico do pensamento junguiano – que o ser humano não deve ser explicado exclusivamente a partir de sua sombra. "Afinal, a sombra não é o essencial, mas sim o corpo que produz a sombra" (Jung, *OC* 16, § 145). Portanto, a psicologia junguiana se interessa não só pela patologia do ser humano, ela vê também o ser humano com suas qualidades; ela é, desde o início, uma psicoterapia que se orienta por recursos.

Como mostra o "irmão-sombra" em *O elixir do diabo*, de Hoffmann, a sombra era tematizada havia muito tempo: é um tema humano universal que, desde sempre, despertou interesse. A perspectiva da psicologia profunda pergunta especificamente em qual contexto a sombra do ser humano é criada, o que ela é e qual seria a forma ideal de lidar com ela. Trata-se de perguntas fundamentais, pois estamos lidando com o lado sombrio do ser humano, que pode ter efeitos muito destrutivos no âmbito interpessoal.

Se contemplarmos a metáfora de luz e sombra, vemos que não é tão fácil lidar com a sombra, que não é simplesmente um problema de levar luz para onde está a sombra, pois cada fonte de luz nova cria sombras novas. Quando falarmos sobre a sombra, teremos que desenvolver uma aceitação básica da sombra, entender que, na vida humana, o claro e o escuro interagem e cooperam, e desenvolver também uma sensibilidade à sombra para podermos aprender a lidar de forma responsável com os aspectos de sombra dentro de nós. Trata-se aqui não de uma perda da postura de valores, mas de uma revalorização dos valores.

Persona e sombra

Como já mencionamos acima, a metáfora de luz e sombra aponta para dois conceitos de C.G. Jung: a sombra e a *persona*. A expressão *"persona"* remete ao teatro na antiga Grécia. O ator vestia uma máscara – uma *persona* – de uma figura mística que ele representava e assim se identificava com ela. Quando nós vestimos uma "máscara da alma" (Jacobi, 1971), normalmente nós não nos identificamos com uma figura mística, mas com uma ideia de nós mesmos, com uma ideia de como devemos nos apresentar da melhor maneira possível em determinada situação. Essa imagem nossa que mostramos para o mundo pode concordar muito bem com a nossa identidade, mas podemos também ter a sensação de não sermos autênticos, de exercermos um papel que não nos agrada muito ou de estarmos nos disfarçando.

De um lado, a *persona* corresponde ao nosso eu ideal, de outro, à nossa ideia de como os outros querem nos ver. Para sermos o mais vistosos possível, reprimimos os lados que não pertencem à nossa imagem "bela", e isso se transforma então em sombra, entendida aqui como os lados que não podemos aceitar em nós mesmos e que não queremos assumir. Mesmo assim, eles fazem parte da nossa personalidade e, como tudo que reprimimos, se manifestam de vez em quando mesmo contra a nossa vontade.

Relacionada à respectiva postura ou expressão da *persona* está a pergunta: o que "devemos" vestir para determinado evento? Como "devemos" nos arrumar? Outra pergunta é aquela referente ao controle: em que medida "devemos" controlar as emoções em determinado ambiente, o quanto "devemos" revelar das nossas emoções? Quais dos nossos lados "devemos" mostrar?

Roupas, o penteado, a maquiagem, disfarces, fachadas, máscaras, mas também carros etc. são representações simbólicas da *persona*. A forma como nos encobrimos desvela também algo de nós, apresenta algo nosso. E muitas vezes, mostramos não somente aquilo que pretendemos mostrar, mas também aquilo que gostaríamos de esconder, ou seja, a sombra.

A *persona* é, portanto, aquilo que mostramos ao mundo em determinadas situações relacionais, aquilo que representamos, como expressamos a nossa personalidade em determinadas situações sociais. Podemos ver o conceito da *persona* mais como algo estático, como se fazia antigamente, e vê-la como identificação com um papel social, mas podemos entendê-lo também, como costumamos fazer hoje em dia, de forma muito mais dinâmica. Por vezes, Jung fala da *persona* também quando uma pessoa se identifica totalmente com o papel que ela exerce no mundo: "Um caso frequente é a identificação com a *persona*, que é o sistema de adaptação ou estilo de nossa relação com o mundo. Assim sendo, quase todas as profissões têm a sua *persona* característica. [...] O mundo exige um certo tipo de comportamento e os profissionais se esforçam por corresponder a tal expectativa. O único perigo é identificar-se com a *persona*, como, por exemplo, o professor com o seu manual [...]" (Jung, *OC* 9/1, § 221). Aqui, Jung descreve uma *persona* "estarrecida": uma pessoa exerce um papel, não consegue mais exercer nada além desse papel, ela enrijeceu dentro dela, e a personalidade viva deixa de ser percebida.

Hoje em dia, tanto a *persona* em si quanto o conceito da *persona* se tornaram muito mais flexíveis. As transições na vida já não estão mais vinculadas a exigências à determinada *persona*. Nossas avós se vestiam de preto depois da menopausa; hoje em dia, a moda não tem mais limites etários. Detectamos também cada vez mais uma interação lúdica com a *persona*. Perguntamos: Como quero me encenar em determinado contexto social? É possível que isso seja uma consequência da sociedade midiática: de um lado, as mídias nos oferecem inúmeros modelos e possibilidades de nos encenar, de outro, elas também nos obrigam a nos encenar.

Tais encenações são feitas também por artistas, como, por exemplo, Cindy Sherman, que faz isso com a intenção do "desmascaramento artístico das máscaras sociais de identidade imposta à chamada 'mulher'" (Sherman & Dickhoff, 1995). A artista questiona as máscaras sociais como imposição de um papel e, portanto, também de uma *persona*; ao mesmo tempo ela demonstra que não somos obrigados a nos subjugar a essa imposição.

Quando a imposição do papel é afrouxada e as posturas relacionadas à *persona* se tornam mais flexíveis e lúdicas, é provável que as pessoas se tornem mais capazes de assumir determinadas sombras, de não serem mais obrigadas a se ver como "apenas belas". No entanto, é preciso contar também com a possibilidade de que as ideias de papéis fixos se transformem em sombras, em algo que rejeitamos e condenamos em outras pessoas como aspectos "não emancipados". Na verdade, deveríamos nos conscientizar da diferença entre esse jogo com a *persona* – e, portanto, com a pergunta de como podemos expressar a nossa personalidade – e o nosso modo de agir de acordo com o papel antigo e enrijecido.

Com a flexibilização da *persona* – e isso é, certamente, o efeito de um século de estudos da psicologia profunda – surge a pergunta inevitável pela nossa identidade própria.

A função da *persona*

A *persona* regula a nossa relação com o mundo exterior, mostra o que queremos mostrar e determina quais aspectos da nossa personalidade devem ser vistos e reconhecidos pelas pessoas com que convivemos. Não importa se eu me apresente como uma pessoa de "muitas faces" ou como alguém que sempre parece ser o mesmo – é justamente nessas afirmações sobre nós mesmos que queremos ser confirmados.

Nesse sentido, a nossa *persona* revela um aspecto da nossa identidade, pois a identidade nunca é algo exclusivamente interior, ela sempre precisa ser confirmada também pelo ambiente em que estamos. Quando só eu me considero um artista e ninguém em meu ambiente de vida confirma isso, eu não sou artista. Essa confirmação externa regula também a nossa autoestima. Normalmente tentaremos assumir aquela postura da *persona* que nos garante o máximo de aceitação. Possivelmente, porém, percebemos que não conseguimos assumir tal postura porque isso significaria trair a nossa personalidade. Muitas vezes, sabemos como devemos nos apresentar e comportar, mas não conseguimos fazer isso porque queremos ser autênticos. A necessidade de ser autêntico e a necessidade social de exercer determinado papel podem resultar num conflito.

Outros, porém, desistiram há muito tempo de buscar aceitação, eles cultivam uma *persona* que pretende assustar os outros e que, pelo menos, obtém atenção. E pessoas que se apresentem com roupas e estilos sempre diferentes usam suas encenações para levantar a pergunta: quem são elas? Representações e posturas da *persona* não são apenas o inverso da sombra, elas remetem também ao núcleo da personalidade.

Como já mencionamos acima, a *persona* regula a relação com o mundo exterior também no sentido de que nós nos comportamos de acordo com a representação, como queremos mostrar nossos sentimentos em determinadas situações, em que medida controlamos nossas emoções e de que modo queremos comunicá-las. A postura da *persona* abrange também as convenções do convívio diário, como, por exemplo, a regra da boa educação. Mario Jacoby (Jacoby, 1991) ressalta o quanto a *persona* protege a intimidade do indivíduo e imagina como seria se simplesmente expressássemos cada sentimento se não seguíssemos nenhuma convenção.

Cada proteção, porém, pode tornar-se também uma restrição. Isso é especialmente evidente no âmbito das emoções: quando controlamos excessivamente as nossas emoções, as relações humanas se tornam frias, distantes. Uma pessoa que controla excessivamente as suas emoções, percebe a si mesma como sem vida, perde o contato consigo mesma (cf. Kast, 2013; 2014a; 2014b). Mas aquele que não controla suas emoções perde qualquer distância, ele assalta as pessoas constantemente com seus sentimentos. Portanto, a *persona* protege não só a nossa própria intimidade, mas protege também os outros de um excesso de intimidade. O perigo consiste num excesso de controle, no exagero das convenções – a serviço de nossa adaptação – de modo que a autenticidade das nossas emoções, que sempre nos levam a uma conduta não convencional e costumam gerar certas complicações, passa a sofrer no âmbito interpessoal. Então deixamos de sentir a outra pessoa de maneira real e não nos sentimos mais relacionados a ela.

A socialização da *persona*

A família nos socializa em direção a determinada postura e representação da *persona*. Crianças pequenas se caracterizam justamente pelo fato de praticamente não evidenciarem nenhuma *persona*. É somente entre os três e seis anos de idade (cf. Kruse, 1991, p. 148) que, com o desenvolvimento da vergonha, se desenvolve também a postura da *persona*, que é, em grande parte, fruto da educação. A criança passa a sentir continuamente que ela precisa comportar-se de maneiras diferentes para ser aceita e não provocar resistência. Na adolescência, ela experimenta diferentes posturas e representações da *persona*, normalmente em grande conformidade com o grupo da sua faixa etária.[1] No entanto, o adolescente não tem liberdade de escolher sua *persona*, pois nessa fase de transição importante na vida a autoestima é instável e, por isso, é ainda mais importante ser aceito. A consequência disso é que o adolescente se submete a certa pressão em relação à *persona*.

Também o espírito do tempo, que, por exemplo, se expressa na moda, exerce uma influência sobre a representação da *persona*. Podemos constatar isso facilmente quando comparamos fotografias nossas ao longo dos anos e verificamos que sempre nos "submetemos" a uma moda ou nos rebelamos visivelmente a uma moda existente. Isso vale também para o estilo de comunicação, que também faz parte da *persona*. Cada juventude tem sua língua com expressões específicas, e pessoas que fazem parte de um grupo de interesses específicos, por exemplo, pessoas interessadas em psicologia, recorrem a um jargão específico a seu tempo.

---

[1] Na minha opinião, a ideia de Jolande Jacobi de que a *persona* só se desenvolve na puberdade não se sustenta. Cf. Jacobi, 1971.

Podemos dizer que, fundamentalmente, a nossa constituição física e psíquica exerce um papel essencial em relação à *persona*. É óbvio que uma pessoa com uma estrutura física de peso maior se representará de forma diferente do que uma pessoa magra. Mas não é só a constituição física que nos impõe limites em nossa autorrepresentação. O mesmo vale para a constituição psíquica. Quando dizemos sobre uma mulher que ela está usando um vestido "ousado", essa nossa afirmação está vinculada à nossa própria vergonha de exibição. Esse vestido é ousado porque nós jamais ousaríamos vesti-lo, porque sentiríamos vergonha. É a nossa constituição psíquica que permite certo prazer em nos exibirmos, que determina o que ousamos mostrar e que estabelece um limite de vergonha. O limite de vergonha nos remete aos nossos limites da nossa capacidade de nos mostrar. Esse limite não é igual em todas as pessoas, mas é flexível: quando estamos bem psiquicamente, podemos ousar mais; quando não estamos bem, tentamos não chamar atenção.

A *persona* corresponde também ao aspecto pessoal do nosso eu ideal, da imagem embelezada que criamos a respeito de nós mesmos e que mostra como nós nos vemos, como queremos nos ver. Na maioria das vezes, o eu ideal representa uma pessoa um tanto perfeita, portanto, tudo que é imperfeito deve ser reprimido. Mas a *persona* corresponde também ao aspecto social do nosso eu ideal, que, normalmente, vivenciamos como ideal do ambiente, embora seja, em grande parte, uma projeção do nosso eu ideal pessoal.

> Um aluno de faculdade estava profundamente convencido de que ele só seria aceito se apresentasse discursos perfeitamente elaborados, mesmo quando seu professor só exigia esboços de tese. Seu argumento era: o professor só exige esboços de tese porque não acredita que a maio-

ria seja capaz de elaborar um trabalho perfeito. Foi só quando o professor exigiu rigorosamente que ele entregasse um esboço de tese que o aluno começou a cogitar a possibilidade de ter entendido algo errado. É evidente que ele projetava seu eu ideal sobre o professor e a situação de aprendizado.

O fato de nos avaliarmos de acordo com nossas próprias exigências e de nos preocuparmos também com a opinião dos outros para assim confirmarmos nosso autoconceito ou sermos incentivados a revisá-lo é um elemento constitutivo tanto da *persona* como da sombra.

O ideal do ambiente também é composto: de um lado, trata-se de um espírito do tempo e da adaptação àquilo que está na moda – o espírito do tempo visivelmente manifesto. De outro, são também as expectativas interiorizadas da infância, que então projetamos sobre o nosso ambiente. Por exemplo, quando alguém diz: "Nesta situação, você não deve, de forma alguma, fazer isso", é bem possível que essa declaração seja uma "afirmação paterna ou materna" vinculado aos nossos complexos paterno ou materno que ainda não processamos (cf. Kast, 2005b; 2012b). Em seguida, nós nos submetemos ao ambiente projetivamente, isto é, temos certeza de que o ambiente tem uma ideia precisa de como nós devemos nos comportar, vestir, apresentar. Por vezes, fazemos um esforço enorme para corresponder a essas supostas expectativas e exigências, sem que isso nos renda muita aceitação nem uma atenção especial – simplesmente agimos de acordo com o roteiro de uma história antiga. Mandamentos paternos resultam facilmente em posturas da *persona*.

Em resumo, podemos dizer que a *persona* é uma postura psíquica, física e social que intermedia entre o mundo interior e o mundo exterior, sendo mais "rosto" do que "máscara", como formula Rudolf Blomeyer (cf. Blomeyer, 1974, p. 17ss.). A postura da *persona* deve, portanto, expressar algo que corresponde profundamente à nossa natureza, mesmo que a *persona* represente uma adaptação às exigências da sociedade. E mesmo que a *persona* seja encenada – e talvez isso aconteça com uma frequência cada vez maior – vivenciamos mesmo assim interna e externamente algo como a "identidade" de uma pessoa: aquilo que permanece igual em meio a todas as transformações. É por isso que a maioria das pessoas é percebida pelos outros como relativamente inalterada ao longo do tempo e em situações diferentes.

A existência embelezada e a sombra

As pessoas gostam de se apresentar mais belas do que são quando saem para o mundo exterior. E elas sabem disso. Pouquíssimos mostram voluntariamente seus lados menos bonitos. Mas o problema é que, apesar disso, eles se tornam visíveis. Jung escreve em 1945: "[No] confronto direto com a realidade, sem os véus da mentira, nem enfeites de qualquer espécie [...] o homem mostra-se, portanto, tal como é, e revela o que antes estava oculto sob a máscara da adaptação convencional, isto é, a *sombra*. Ao tornar-se consciente, a sombra é integrada ao eu, o que faz com que se opere uma aproximação à totalidade" (Jung, *OC* 16, § 452). Observações como essa, que ocorrem repetidas vezes em Jung, conferiram à *persona* um gosto ruim – como se escolhêssemos conscientemente uma *persona* para esconder a sombra. É evidente que isso pode acontecer em determinada situação: um homem que não consegue aceitar sua homossexualidade, que a vivencia como "sombra" e se convence de que não conseguiria continuar a viver se seu ambiente descobrisse isso, se comporta como grande conquistador de mulheres. Isso é a escolha consciente de uma postura da *persona* que pretende esconder a sombra. Muitas vezes, porém, não temos a intenção de usar a nossa postura da *persona* para encobrir uma qualidade específica da sombra. Tentamos simplesmente nos achar o mais belo possível e receber a confirmação disso do nosso ambiente para sustentar uma boa autoestima.

Outro aspecto na descrição junguiana da sombra me parece importante: ainda em 1945, ele acredita que a sombra pode ser integrada e que, por meio dessa integração, o ser humano pode se aproximar de sua totalidade. É incontestável que a sombra faz parte do ser humano e que a integração de aspectos reprimidos permite acesso a aspectos da personalidade que fazem parte dele. A integração da sombra, porém, parte do pressuposto de que a sombra pode realmente ser totalmente integrada, a ponto de não mais ter que ser rejeitada. Isso me parece ser um pouco idealista demais – como hipótese, essa teoria é muito atraente, pois isso nos permitiria resolver muitos problemas da vida humana. Mas no que diz respeito à aplicação prática, essa ideia corresponde pouco à natureza do ser humano; já me parece ser uma grande proeza e conquista, quando conseguimos perceber e aceitar a sombra constelada, quando sabemos de sua existência e de sua possibilidade de manifestação e assumimos responsabilidade por isso.

O conceito da sombra é amplamente conhecido e aceito, mas na recepção desse conceito ocorrem desequilíbrios que podem resultar em seu abuso: de um lado, o conceito da sombra oferece uma explicação para muitas deficiências humanas, que pode servir como desculpa para um comportamento não ético; o conceito se tornou uma licença ilimitada para um comportamento sombrio. Suponhamos que alguém tenta enganar você. Você pega a pessoa no ato, ela admite o fato e diz: "É que eu assumo a minha sombra". A consciência de sua sombra malandra, porém, não lhe dá o direito de vivê-la. Entrementes, também a psicanálise voltou a falar mais do princípio da responsabilidade.

A identificação quase prazerosa com a sombra é também uma consequência da psicanálise, que mostrou como muitos aspectos prazerosos da vida humana eram reprimidos e o quanto isso empobrecia a vida e adoecia as pessoas. O "retorno do reprimido" foi sancionado pela psicanálise, o que se evidenciou principalmente na libertação sexual e rendeu a acusação à psicanálise de incentivar uma conduta amoral. Evidentemente, integrar a sombra não significa vivê-la desenfreadamente. Isso é um equívoco. Por isso, os autores atuais falam menos da "integração da sombra" e mais da "aceitação da sombra". Assim, fazem jus também ao conceito original e dinâmico da sombra, que diz que uma nova luz sempre produz também uma nova sombra.

Aceitação da sombra significa que, em determinadas situações, reconhecemos a qualidade de sombra da nossa própria conduta e – talvez por intermediação de um sonho – corrigimos o nosso comportamento e que, em todos os casos, nos perguntamos o que significaria se vivêssemos esse aspecto da sombra plenamente ou se o introduzíssemos num relacionamento, quais seriam as consequências de viver determinado aspecto da sombra. Devemos desenvolver uma sensibilidade para a sombra, tanto em relação à nossa própria sombra quanto em relação à sombra dos outros. Aceitação da sombra e sensibilidade para a sombra trazem um aumento em autoconhecimento, em tolerância em relação a nós mesmos e em relação aos outros e uma diminuição de hipocrisia.

A sombra

A sombra não é definida no que diz respeito ao seu conteúdo.[2] Tudo que não queremos ou ainda não queremos aceitar pode se transformar em sombra (cf. Jung, *OC* 8, § 409). Quando falamos da nossa sombra pessoal, nós nos referimos a todos os aspectos da sombra que conhecemos e a todos aqueles que intuímos. Normalmente, as pessoas não têm dificuldade nenhuma de formular tudo aquilo que odeiam em si mesmas – aquilo que odiamos sempre remete à nossa sombra – por exemplo, a manifestações de padrões antigos, egoísmo, submissão, a dominância do prazer sensual sobre todo o resto, ganância etc. Mas "sombra" pode

---

2 Jung, porém, acreditava que a sombra é representada por uma pessoa do mesmo gênero. Pessoas do sexo oposto eram designadas como *anima* ou *animus*. Por causa dessa suposição, Jung se viu obrigado a inventar o termo "sombra positiva" quando uma pessoa do mesmo sexo não apresentava os traços de sombra habituais, às vezes – quando essa figura tinha uma qualidade numinosa – ele falava do si-mesmo. Entrementes, estabeleceu-se dentro da teoria junguiana (e existem estudos empíricos que confirmam isso) que, tanto em homens como mulheres, são vivenciados símbolos de *anima* e *animus* e que esses símbolos arquetípicos são caracterizados por uma grande numinosidade. Pessoas do mesmo sexo não representam mais automaticamente a sombra, podendo representar também figuras de *anima* ou *animus* ou simplesmente traços femininos ou masculinos da personalidade. Por isso, podemos aposentar o termo "sombra positiva" e definir sombra como aquilo que não podemos nem queremos aceitar em nós mesmos. Cf. tb. Kast, 1984, p. 157ss.

designar também aquele aspecto da sombra que se impõe atualmente. Mas sempre existem também partes da sombra que se escondem de nós mesmos.

Sonhos são especialmente qualificados para conscientizar-nos das partes da sombra que desconhecemos:

> Ao longo de várias semanas, um homem sonhou repetidas vezes com figuras masculinas caracterizadas pelo fato de terem línguas divididas como uma cobra. Quando ele percebeu que os sonhos o apontavam para a sua fala "dividida", para a sua fala enganosa em situações muito concretas – o que era muito vergonhoso para ele, porque ele se via como uma pessoa absolutamente íntegra e não conseguia aceitar o fato de que, às vezes, ele distorcia a verdade para obter uma vantagem – os sonhos desapareceram. Seu hábito continuou sendo um tema na terapia, mas outros aspectos psíquicos passaram a ocupar o centro do interesse.

A nossa sombra é muito vergonhosa para nós mesmos. Quando somos pegos agindo de acordo com nossa sombra, ou seja, quando nos comportamos de um modo que não corresponde ao nosso eu ideal, nós sentimos vergonha. Por isso tendemos a projetar aspectos da sombra sobre outras pessoas e a percebê-los nos outros. Transformamos essas pessoas em bodes expiatórios, nós nos irritamos com aquilo que tem a ver com a nossa própria sombra.

Podemos falar da nossa própria sombra à medida que nos conscientizamos dela, mas não conseguimos determinar com certeza o que constitui a sombra de outras pessoas. Quando temos conhecimento do ideal de uma pessoa, podemos deduzir o que esse ideal exclui e assim fazer suposições sobre sua sombra. Conseguimos identificá-lo ainda melhor no convívio. Alguém, por exemplo, pode estar sofrendo com a "sombra da ganância" de um parceiro que se acha muito generoso. E em pessoas muito pacíficas encontramos, muitas vezes, algum aspecto "bélico" na sua sombra. Essas pessoas são capazes de nos convencer de um modo muito agressivo de que deveríamos ser mais pacíficos.

Mas é também possível que, para as pessoas mais próximas, a sombra de uma pessoa pode ter uma qualidade pouco evidente:

> Uma mulher que mantém obsessivamente a ordem em seu lar aparenta ser apenas um pouco excessivamente ordeira para as pessoas que convivem com ela. Mas ela usa essa ordem para controlar uma sombra caótica. Para ela, ordem é algo absolutamente necessário porque, inconscientemente, ela teme não dar conta do caos. O caos doméstico serve aqui apenas como pretexto, o que ela teme é o caos que poderia tomar conta de sua vida. Ela projeta esse medo sobre a vida doméstica e a enfrenta ali. Mas as pessoas que convivem com ela percebem pouco desse medo diante do caos e de sua rejeição do caótico.

Não existem símbolos que remetam inequívoca e exclusivamente à sombra, só o contexto aponta para a sua qualidade. Quando alguém rejeita algum comportamento específico, por exemplo, mesquinhez, ou quando ele não consegue aceitar as qualidades salientes de uma figura onírica, podemos supor que, por trás disso, se esconde um aspecto da sombra. Na maioria das vezes, porém, o portador da sombra – seja no sonho ou na realidade – sobre o qual projetamos a nossa sombra, não aponta para apenas um único traço reprimido da personalidade, mas para todo um campo de aspectos reprimidos.

A sombra dos outros é interessante

A maioria das pessoas se interessa muito pelo estilo de vida das pessoas que se permitem uma liberdade maior do que o cidadão "comum". A imprensa sensacionalista gosta de nos mostrar a respectiva *persona* e a sombra dos belos, ricos e famosos. Na maioria das vezes, ela foca em seu estilo de vida licencioso, muitas vezes vinculado a casos amorosos, às vezes, também à criminalidade etc. O que mais interessa ao público nesse contexto são os membros da realeza e da nobreza que ainda existem neste mundo, mas também padres, bispos, pastores, freiras. Quando mais uma pessoa se encontra sob a pressão social de apresentar uma *persona* perfeita, mais interessante é descobrir sua sombra. Uma pessoa que ocupa uma posição de poder, como, por exemplo, os políticos, também é observada de perto: onde ela mostra algo que não "se" faz?

Existem pessoas que parecem sentir um prazer incrível quando conseguem arrastar para a luz a sombra de seus contemporâneos. É possível que essas pessoas tenham uma sombra de bisbilhotice. É claro que essas pessoas dirão que elas entendem suas revelações como serviço público. E justificam isso dizendo que muitos se interessam por aquilo que descobrem, caso contrário – se ninguém lesse suas histórias – elas não seriam escritas.

Quando um grupo conversa com pessoas mais marginalizadas que têm outros valores e que, do ponto de vista do grupo, realizam aspectos de sua sombra com menos escrúpulos, as discussões podem ser muito animadas. Esse comportamento não adaptado, às vezes até embaraçoso, que se encontra na sombra é, muitas vezes, também aquilo que está vivo. E visto de fora é, frequentemente, também aquilo que consideramos interessante nos outros, é algo que caracteriza sua personalidade.

Pessoas que não ousam viver aspectos não aceitos pela sociedade costumam delegar esses aspectos da sombra a outras pessoas; elas os veem nelas, se deleitam secretamente com eles e então os condenam: "Você viu o que aquela celebridade fez?" Assim, elas desfrutam – pelo menos em sua fantasia – da sombra sem ter que arcar com as consequências e ainda podem se sentir moralmente superiores. Elas permanecem na posição de um *voyeur* psíquico, é uma vida na sombra sem estar na sombra: o contato com a sombra não é perigoso, mas é também uma vida sem a vivacidade que a vivência dos aspectos da sombra pode trazer. A sombra nos envolve na vida, e isso tem seu preço psíquico e/ou material.

Mas quando as pessoas são idealizadas excessivamente, pode ser útil reconhecer a sua sombra. Talvez a idealização tenha servido para encobrir um pouco os lados menos vistosos. Quando descobrimos os lados da sombra de uma pessoa, ela se torna menos ideal, porém mais real. Por isso, começamos, há algum tempo, contemplar com grande interesse também a sombra dos grandes psicólogos. Isso faz sentido: se não o fizéssemos, correríamos o perigo de considerar nossa própria escola como infalível e, uma outra, sobre a qual projetamos a sombra, como problemática, e passamos a combatê-la, mesmo sabendo que ninguém possui toda a verdade. Quando nossas "grandes" personalidades – e, com elas, muitas vezes também os pais reais ou simbólicos – deixam de ser ideais e entramos em luto pela perda de um ideal, isso nos abre o caminho para a nossa própria criatividade e responsabilidade na vida. Pois enquanto esses grandes mestres exercerem o papel de autoridades para nós, a nossa criatividade é refreada. Portanto, faz muito sentido estudar a sombra dos grandes psicólogos e ainda mais dos respectivos conceitos psicológicos. Métodos emancipatórios, por exemplo, costumam esconder um potencial fascista em sua sombra, e esse potencial deve sempre ser questionado em relação ao seu efeito.

Muitas vezes, porém, as revelações da sombra não ocorrem em prol do avanço da ciência, mas sobretudo por motivos de rivalidade: alguém pode não suportar a ideia de que outra pessoa possa ter mais sucesso, ser mais importante do que ele, e então ele arrasta a sombra desse concorrente para a luz. Assim ele admite ser menos bem-sucedido, mas pelo menos se apresenta como moralmente mais convincente. Ele confirma seu valor próprio por meio da difamação da sombra do outro. No entanto, um caminho melhor seria contemplar sua própria sombra. Se ele permitisse que sua sombra convivesse de modo suportável, o resultado poderia ser um senso de valor próprio substancialmente melhor. Mas a sombra dos outros, dos bem-sucedidos e dos famosos, é muito mais interessante.

A nossa própria sombra é um incômodo

A sombra dos outros é tão interessante quanto a nossa própria sombra é vergonhosa e indesejada.

Algumas perguntas simples podem nos ajudar a ver com que facilidade conseguimos admitir nossa própria sombra: Conseguimos reconhecer erros que nos envergonham? Ou recorremos a alguma desculpa? Ou até inventamos de antemão um conjunto de desculpas caso precisemos delas? Existem atributos em outra pessoa que odiamos definitiva, consequente e irrevogavelmente? Os aspectos da sombra que não gostamos de admitir em nós mesmos são justamente aqueles que conseguimos detectar com uma habilidade especial nos outros. Às vezes, pessoas que não disseram nem fizeram nada despertam em nós uma irritação irrefutável e uma hostilidade correspondente. Essas pessoas podem representar aspectos da sombra que fazem parte de nós, mas que não temos a coragem de expressar e que, por isso, projetamos.

A sombra se mostra também no sonho: existem figuras oníricas que rejeitamos completamente, que simplesmente achamos repugnantes. O que fazemos com tais figuras oníricas? Tentamos esquecê-las o mais rápido possível ou nos ocupamos com elas por muito tempo? Tentamos descobrir a quais áreas da nossa vida elas estão vinculadas? Ou transformamos a figura sombria em um portador de luz, seguindo a ideia de que a sombra poderia estar escondendo um grande tesouro?

E: você já tem uma sombra "carro-chefe"? Hoje em dia, muitos sabem que as pessoas têm uma sombra. E as pessoas também admitem erros com uma facilidade muito maior do que antigamente, no entanto, sem a consequência de ter de assumir a responsabilidade por eles. As pessoas sabem que é preciso assumir sua própria sombra. Por isso, existem pessoas que têm uma sombra "carro-chefe", um aspecto da sua sombra que conseguem admitir facilmente e que não é tão vergonhoso.

Com a exceção dessa sombra "carro-chefe", porém, a sombra cotidiana costuma ser reprimida e é conteúdo do inconsciente pessoal.[3] Reprimimos aquilo que não se conforma ao nosso eu ideal e ao suposto ideal do ambiente. No inconsciente, os aspectos da sombra reprimidos se unem e formam um complexo de sombra. É por isso que a técnicas da análise é tão importante na psicanálise. Aquilo

---

[3] "O inconsciente pessoal contém lembranças perdidas, reprimidas (propositalmente esquecidas), evocações dolorosas [...] e conteúdos que ainda não amadureceram para a consciência. Corresponde à figura da *sombra*, que frequentemente aparece nos sonhos" (Jung, OC 7/1, § 103).

que se encontra vinculado no complexo precisa ser separado, os aspectos individuais devem ser identificados, pois é só nos aspectos individuais da sombra que reconhecemos seu significado para a nossa vida e é só pelas consequências deles que podemos assumir uma responsabilidade na vida. Quando nos vivenciamos como totalmente sombreados, não conseguimos trabalhar a nossa sombra, pois ela nos domina e se apresenta de forma excessivamente difusa. Mas podemos aprender a lidar com ela quando dissecamos as experiências individuais da sombra, que podem ser descritas com precisão.

A defesa contra a sombra

Como já mencionamos, costumamos projetar a sombra reprimida sobre o mundo exterior, e isso faz com que o portador da projeção se transforme em portador da sombra. Visto que a sombra pessoal desconhecida sempre é também assombrosa, a projeção da sombra transforma o ambiente em nosso próprio rosto desconhecido e assombroso. O tipo de ameaça sempre depende do aspecto da sombra que projetamos. Quando se trata, por exemplo, de uma sombra agressiva, de repente, nós nos vemos cercados de um mundo agressivo – e nos sentimos ameaçados por ele. Quando reprimimos uma sombra de poder, de repente nos vemos cercados de pessoas muito mais poderosas do que nós mesmos. Quando reprimimos nossa corrupção, de repente nos vemos cercados de pessoas que tentam nos subornar e nos sentimos imersos num mundo de corrupção.

A projeção da sombra tem consequências graves: não podemos mais nos ocupar construtivamente com os nossos problemas, pois eles não são mais nossos, mas essencialmente de outras pessoas, que não conseguimos influenciar. Então se inicia um ciclo de medo e agressão (cf. Kast, 2014a, p. 57ss.), a dinâmica entre vítima e agressor é ativada: quando projetamos a sombra, nós nos vivenciamos como vítimas do portador da sombra e nos vemos incapazes de moldar a nossa vida de modo autônomo (cf. Kast, 2014c). Além disso, o papel de vítima gera muita angústia e impede um processamento frutífero. Isso impede que o incentivo para o desenvolvimento escondido na sombra seja percebido.

Quando delegamos a nossa sombra, nós levamos as pessoas próximas a viver esse aspecto da sombra. Em famílias, por exemplo, encontramos frequentemente um membro responsável por crises de raiva. Em sua presença, todos os outros podem se caracterizar como pacíficos e controlados. Quando essa pessoa que vive essa raiva desenfreada está ausente, essa família pacífica de repente deixa de ser tão pacífica.

Quando alguém se conscientiza de um traço considerado negativo de seu caráter, ele pode transformar a sombra em seu oposto; isso também é uma forma de defesa. Por exemplo, quando ele sabe que ele é muito autoritário, ele vivencia isso como uma qualidade da sombra e também o seu entorno lhe dá o *feedback* de que, nos dias de hoje, isso é uma postura inaceitável. Agora – ao invertê-la em seu oposto – ele se torna exageradamente tolerante. Isso, porém, irrita seus próximos, pois na comunicação essa forma de defesa contra a sombra emite uma mensagem dupla: no nível consciente a pessoa pergunta e se informa amigavelmente, encoraja seu interlocutor a fazer uma sugestão própria, explica pacientemente as consequências que determinadas decisões acarretarão. Ao mesmo tempo, o interlocutor percebe – e isso é comunicado também pela postura corporal – que ele preferiria encerrar a conversa e tomar uma decisão sozinho. O que deve ser seguido: aquilo que ele diz ou aquilo que ele revela para além das palavras?

Em termos gerais, podemos dizer que a defesa contra a sombra nunca é perfeitamente bem-sucedida. Os próximos sempre a veem ou percebem de alguma forma, mesmo que nós acreditemos que conseguimos escondê-la. Poderíamos, portanto, poupar-nos de um esforço considerável se levássemos a sombra em conta desde o início.

O *doppelgänger*

Quero tratar em maior detalhe uma forma específica de defesa: o *doppelgänger*. Em 1919, Otto Rank apresentou um estudo psicanalítico sobre esse tema (Rank, 1993). Aqui quero me concentrar em um dos aspectos mencionados por ele: o *doppelgänger* assombroso, que apresenta qualidades reais da sombra.

Rank apresenta uma explicação convincente para o surgimento desse fenômeno: repetidamente, as pessoas fazem coisas que geram nelas sentimentos de culpa e, acrescentaria eu, vergonha. Quando culpa e vergonha alcançam determinada intensidade, não consigo mais assumir a responsabilidade por esses atos. Aquilo que não consigo aceitar é dissociado, e, por meio da dissociação, surge um tipo de segundo eu, um *doppelgänger*, por vezes, um verdadeiro demônio. Por causa da dissociação, o primeiro eu não tem conhecimento dos atos do outro eu e, por isso, não se sente responsável por eles. Aquilo que foi dissociado deixa de ser visto como algo pertencente à própria personalidade – e é esquecido, mas age sobre o dia a dia como uma "outra" pessoa. O sentido disso é: podemos fazer aquilo que, normalmente, consideraríamos amoral, do qual nos envergonharíamos ou pelo qual nos culparíamos, e ainda assim podemos nos convencer de que somos uma pessoa ideal.

Para o seu artigo, Rank estudou a literatura, principalmente a literatura do romantismo. Conhecemos o motivo do *doppelgänger* no conto já mencionado de Robert Louis Stevenson, *O estranho caso de Dr. Jekyll e Mr. Hide*: o Dr. Jekyll, durante o dia um filantropo cultivado, prestativo e cientista, se transforma, à noite, em uma pessoa má e atrofiada, em um criminoso violento e assassino, em seu antagonista sombrio, que vive seus instintos na escuridão da noite. E também Adalbert von Chamisso conta uma história de um *doppelgänger* muito impressionante. Depois de virar uma noite nos bares da cidade, Peter Schlemihl volta para casa, onde encontra alguém sentado em sua poltrona. Os dois travam um debate sobre quem seria o verdadeiro Peter Schlemihl. É evidente que, aqui, o autor brinca também com o motivo da visão dupla causada pelo consumo excessivo de álcool, mas a pergunta interessante é: quem é o verdadeiro Schlemihl?

Rank cita também o romance *Os irmãos Karamazov*, de Fiódor M. Dostoiévski. Esse exemplo literário nos ensina muito sobre a sombra dissociada. Antes de Ivan Karamazov enlouquecer, o diabo lhe aparece e admite ser seu *doppelgänger*: certa noite, Ivan volta tarde para casa e um senhor assustador entra em seu quarto e lhe conta coisas que, como o leitor descobre mais tarde, o próprio Ivan pensou em sua juventude, mas depois as esqueceu. Ele se recusa a reconhecer esse homem: "Em momento algum eu o aceito como realidade concreta. Você é uma mentira, é uma doença, uma fantasmagoria. Só não sei como posso destruí-lo. – Você é minha alucinação, é a personificação de mim mesmo, no entanto, somente de um lado meu, [...] dos meus pensamentos e sentimentos, mas somente dos mais terríveis e mais estúpidos. – Tudo [...] que já passou, sobre o qual já alcancei e adquiri outra opinião [...] você me traz como se fosse novidade. Você é eu, mas com outro rosto, você fala o que penso [...]" (Rank, 1993, p. 19, nota 2).

Nessa citação, encontramos uma definição da sombra que se transforma em um *doppelgänger*: a personificação de um lado meu, dos meus pensamentos e sentimentos, mas apenas dos mais terríveis e mais estúpidos. Vemos aqui também que a sombra é um conglomerado de pensamentos e sentimentos reprimidos que foram generalizados ao longo do tempo. Nesse conglomerado da sombra encontramos também coisas que já pertencem ao passado, principalmente aquilo que queremos esquecer, porque, na época, o percebemos como errado ou vergonhoso.

Uma pessoa que dissocia a sombra em tal medida que ela se transforma em um *doppelgänger* sempre leva uma vida dupla. Esse *doppelgänger* se torna assombroso porque age por conta própria; o eu não tem mais poder sobre ele e se sente perseguido. Tudo que rejeitamos em nós mesmos passa então a nos perseguir como algo exterior a nós. Aquilo que seria um conflito interno se transforma em ameaça externa. Principalmente quando a agressão e as tendências destrutivas também são projetadas, podemos reagir com uma mania de perseguição como consequência da projeção e da delegação da sombra a outras pessoas.

Na literatura, as pessoas com uma sombra *doppelgänger* ou os próprios *doppelgänger* acabam cometendo suicídio. Podemos entender isso simbolicamente: quando a dissociação é tão forte que os aspectos dissociados se transformam em um complexo autônomo, não conseguimos viver de verdade; esse estado deve ser sacrificado, esse tipo de convívio com a sombra deve morrer. No momento do amor, todos os *doppelgänger* falham, pois o amor exige a totalidade do ser humano. Um parceiro amoroso não pode se relacionar amorosamente com uma personalidade e, depois, com a outra contrária. Isso gera confusão, não amor. Rank acredita que, por isso, essas pessoas não são capazes de amar porque nunca se desprenderam do eu ideal.

Mas por que existem justamente na literatura do romantismo tantos *doppelgänger*? Rank vê a causa nos escritores e poetas muitas vezes fortemente neuróticos. Isso pode ser uma das causas, mas parece-me que a frequência do tema tem ainda outra raiz: esses escritores pretendiam defender um alto padrão moral diante de uma grande sensibilidade em relação à sombra e diante da forte necessidade de viver uma vida segundo o princípio do prazer.

Irmãs-sombra/irmãos-sombra

As projeções da sombra que facilmente resultam em imagens inimigas e transformam pessoas em bodes expiatórios têm suas origens muitas vezes na família de origem. Muitas famílias têm uma "ovelha negra", e quando não têm nenhuma, rotulam algum membro como "ovelha negra". Certos membros da família não são mencionados ou os outros só falam sobre eles às escondidas. Às vezes, são citadas como exemplo negativo: "Se você for preguiçoso, acabará tendo o mesmo destino do tio X, que morreu no asilo de pobres!" Muitas vezes, essas ovelhas negras são "marginais", "fora da lei", pessoas que não seguem as convenções e acabam sendo muito interessantes. São descritas como pessoas com uma "conduta de vida". Os outros, aqueles que não chamam atenção, os adaptados, realmente parecem não ter uma vida interessante, não têm uma "conduta de vida".

> Uma mulher se lembra de que sua mãe vivia triste, que ficava sentada à mesa como que em depressão, olhando para o nada, e também não se importava muito com o que vestia. Mas quando a campainha tocava, ela vestia um avental limpo

e abria a porta com um sorriso estampado em seu rosto.

Essa mãe tinha uma irmã, uma irmã-sombra com uma "conduta de vida" – uma expressão que atiçava a imaginação das crianças. Em suas lembranças, essa tia sempre usava grandes chapéus vermelhos, roupas chamativas, ela seduzia as crianças a comerem coisas que faziam mal à saúde, ela as levava para o cinema quando isso ainda não era comum. Ela sempre conseguia se impor às objeções "dos adultos". A mãe e a irmã se rejeitavam mutuamente, cada uma ocupava uma área da vida que era inaceitável para a outra. Se cada uma tivesse adotado um pouco da outra, a vida teria sido mais fácil e mais interessante para ambas.

Irmãs-sombra e irmãos-sombra – nem sempre se trata de irmãos biológicos – fazem parte da vida de cada um de nós. Tais relacionamentos com irmãos-sombra contêm um perigo. Como portadores da sombra, essas pessoas perdem sua individualidade porque não conseguem mais perceber sua verdadeira natureza por trás da projeção da sombra. Não são mais pessoas como nós, com as quais podemos nos comunicar, que nos obrigam a interagir com elas. Eles se transformam em algo parecido com um objeto: podemos manuseá-los como objetos desprovidos de sentimentos. Isso abre as portas para a destrutividade (cf. Sigusch, 1997, p. 835ss.).

Irmãos e irmãs-sombra são temas primordiais da humanidade, que encontramos também na mitologia. Na Bíblia, por exemplo, temos Caim e Abel; na mitologia suméria, Gilgamesh e Enquidu são irmãos-sombra; e Inana, deusa do céu, e Eresquigal, deusa do submundo, são irmãs-sombra.

Mas não é só nos mitos que os encontramos, nós nos deparamos com eles também nas histórias do dia a dia fora da família. Quando uma pessoa sempre personifica a nossa sombra, estabelece-se uma dinâmica relacional curiosa: não desenvolvemos simplesmente desinteresse, mas uma rejeição violenta. Mesmo assim, nós nos deparamos com essa pessoa constantemente, não conseguimos evitá-la e, muitas vezes, sentimos – mesmo que a contragosto – que essa pessoa tem algo a ver conosco. Quando colegas-sombra aceitam o desafio e se confrontam e se ocupam um com o outro, muitas vezes porque não têm outra opção, eles se tornam amigos. Conseguem aceitar que o outro representa valores diametralmente opostos aos valores próprios e assim aprendem a aceitar a sombra sem desvalorizá-la.

Sobre o convívio com a sombra cotidiana

Na maioria das vezes, negamos a sombra com tanta insistência porque tememos a destruição da nossa reputação, porque tememos o colapso narcisista. Quando não conseguimos assumir a sombra, quando tentamos esconder ou negá-la, nós nos tornamos suscetíveis a manipulações e chantagens. É disso que vivem os romances policiais. Alguém tira fotos comprometedoras de uma pessoa e então ameaça mostrá-las àquelas pessoas em que a revelação do segredo causaria o maior estrago: na esposa, no marido, no amante, na amante, no chefe, nos jornalistas... e para que isso não aconteça, para que o comportamento da sombra não se torne público, a pessoa permite que ela seja chantageada e paga e paga, se desespera cada vez mais até cometer um crime motivado pelo desespero.

Os romances policiais mostram o princípio de forma muito clara: quando somos incapazes de admitir o nosso comportamento sombra, outros podem dispor de nós, podem nos deixar apavorados e passam a ter poder sobre nós.

Só existe uma saída: devemos assumir esse comportamento sombra, e isso significa: devemos assumir responsabilidade pela sombra.

A aceitação da sombra nos torna mais autoconfiantes, mais autênticos, mais idênticos conosco mesmos – mas também mais comuns. Deixamos de ser aquela pessoa extraordinária e maravilhosa, transformamo-nos em uma pessoa com uma sombra que nos incomoda e causa problemas para nós – como acontece com todos os outros.

Em nossa cultura, muitos lados sensuais, vitais e passionais são reprimidos e transformados em aspectos de sombra. Quando os aceitamos, ganhamos um grande acréscimo de vitalidade. Muitas vezes, porém, a nossa sombra não contém a vitalidade não problemática, aquela vitalidade que queremos viver, a paixão socialmente aceita, mas uma paixão suspeita com objetivos "baixos". A sombra sempre é capaz de nos surpreender, nem sempre conseguimos prever o que ela esconde. É isso que torna tão difícil aceitá-la.

Quando conseguimos aceitar a nossa sombra, nós não só nos tornamos mais autoconfiantes e mais idênticos conosco mesmos, também se torna mais difícil magoar-nos, e isso, por sua vez, questiona menos a nossa autoestima. Quando conhecemos a nossa sombra, começamos a levar em conta também a sombra dos outros, desenvolvemos uma imaginação para o mal nas pessoas. Isso não significa que deixamos de acreditar no bem nas pessoas, mas deixamos de contar com o bem como algo natural, e reconhecemos que as pessoas – apesar ou justamente por causa da sombra – se esforçam pelo bem.

Em sonhos e imaginações, as figuras que rejeitamos inicialmente e que então se comportam de forma agressiva e hostil se transformam em ajudantes, contanto que nos ocupemos com elas. A sombra – não mais reprimida, não mais projetada, mas suficientemente aceita – se transforma em uma força. Não só porque deixamos de ser vítima de nossas projeções, mas também porque a vitalidade contida na sombra se torna disponível e, assim, os relacionamentos se tornam mais abertos e livres de angústia.

A sombra deve ser vista, ela deve ser conscientemente experimentada como uma possibilidade vital, em suas consequências negativas e positivas para a nossa própria vida e para a vida dos outros. Ou isso nos preenche com uma nova sensação de autenticidade e harmonia ou somos tomados de luto porque não conseguimos ser o que queremos ser. Também disso resulta uma nova autenticidade. Somos obrigados a sacrificar a autoimagem de uma pessoa perfeita, isso, por sua vez, nos torna mais vivos, mais autênticos.

Muitas vezes, são os sonhos que nos confrontam com os aspectos da nossa sombra – mas que, frequentemente, também são esquecidos. Já que o conteúdo da sombra não é determinado, muitas vezes não são as figuras em si que apontam para a sombra, mas o contexto. As associações e as emoções nos dão a entender que se trata de algum aspecto da sombra. Quero citar como exemplo o sonho de uma mulher de 28 anos.

> "Voltei a ter um sonho idiota", ela disse. "Vejo a Senhora Escuridão. Ela está toda arrumada, pintada como um anjo de latão, cabelo clareado quase branco. Tento encontrar um jeito para não ter que encontrá-la. Mas ela parece saber de antemão o que estou tramando. Ela sempre escolhe seu caminho de tal forma que inevitavelmente nos encontramos. Eu me irrito muito e acordo. Ela estragou meu dia".

Uma emoção evidentemente vinculada a esse sonho é a irritação. Na conversa sobre o sonho – numa conversa entre duas pessoas, os sonhos costumam se esclarecer muito mais do que por meio de uma interpretação "clássica" – a sonhadora acrescenta que ela não sentiu apenas irritação, mas também nojo em relação a essa figura. A Senhora Escuridão é uma mulher que a sonhadora conhece pessoalmente, mas que se chama Senhora Escuridão apenas no sonho. Por que ela se chama Senhora Escuridão? A sonhadora acha o nome lógico: essa mulher tem a tendência de "obscurecer" tudo; quando ela está na presença dela, nunca sabe o que está acontecendo. Quando a Senhora Escuridão tem algum problema, ela consegue direcionar a conversa de tal forma que, no fim, a sonhadora fica com a impressão de que é ela que está com um problema e que deveria ser grata à Senhora Escuridão. Quando a sonhadora conta este e outros episódios semelhantes, se agita cada vez mais.

"E por que ela se parece com um anjo de latão?" A princípio, a sonhadora não sabe dizer. Na realidade, a Senhora Escuridão é uma mulher muito arrumada, talvez ela use maquiagem demais, mas nunca a ponto de passar a impressão de "perua". E então ocorre outro ataque de raiva: no sonho, ela é uma perua, desagradável, impertinente, sexualmente provocante, uma pessoa repugnante... A sonhadora se irrita com a figura onírica, e nas associações ela é totalmente desprezada. Essa reação é normal, pois a sombra é aquilo que, sob a perspectiva dos nossos ideais, consideramos inútil.

Começamos conversando sobre o sonho e as associações como se o sonho estivesse falando da senhora X real, permitimos, portanto, que o sonho permanecesse no nível de objeto. O fato de que se tratava de uma projeção da sombra pode ser deduzido das emoções extraordinariamente negativas. Mas, a fim de aproveitar o sonho como indício de aspectos da própria sombra, ele precisa ser compreendido no nível do sujeito, ou seja, devemos imaginar essa figura onírica como uma figura interior da sonhadora. A projeção da sombra precisa ser suspensa, afinal o sonho é a comunicação com a própria alma. Quando conseguimos reconhecer a figura onírica como um aspecto pessoal nosso, essa percepção causa primeiramente um choque, seguido por raiva ou luto.

Para que possamos entender o sonho no nível do sujeito, devemos perguntar pelo contexto. O próprio sonho nos fornece algumas dicas, outras emergem na conversa: obscurecer, convencer a sonhadora de que o objetivo da Senhora Escuridão é o objetivo da sonhadora, sexualmente provocante, "perua". O que a sonhadora associa a essas palavras e expressões? Depois de várias associações, ela conta que ela e algumas amigas tinham "paquerado" alguns homens na noite anterior ao sonho. Imediatamente, estes começaram a assediá-las, e elas tiveram que lhes impor certos limites. "Demos um fora neles; mas, no fundo, tudo isso foi bastante inofensivo".

Quando entendemos o sonho como comentário do inconsciente sobre essa situação, a imagem que resulta é bem menos inofensiva. A sonhadora como anjo de latão? Ela se defende: "Eu não me comportei como um anjo de latão!" No entanto, tudo indica que esse aspecto da sombra também está envolvido. Quando não nos identificamos completamente com uma figura da sombra, o eu consciente ainda está presente. Trata-se então de uma coloração da sombra mais ou menos evidente. Rindo, a sonhadora confirma então que, depois, elas realmente teriam acusado os homens de sua própria intenção. No início, elas flertaram, mas, quando os homens reagiram, elas impuseram limites e fizeram de conta como se eles tivessem sido agressivos desde o início. – Sim, era verdade, ela tinha se comportado de maneira sexualmente provocante, ela tinha se comportado como uma "mulher fácil", ela era sim um pouco como um anjo de latão.

A consequência dessa percepção: agora, quando ela se vê numa situação semelhante – e isso acontece com frequência – ela se lembra imediatamente do sonho com o anjo de latão. Ela observa seu comportamento, o corrige ou age prazerosamente como anjo de latão, suporta as consequências e não condena mais as mulheres que fazem esse mesmo jogo.

Pego num comportamento de sombra

Um homem – que muito bem também poderia ser uma mulher – descreve a si mesmo como uma pessoa generosa, de forma alguma invejosa. Esse seu autoconceito coincide com a postura de sua *persona*: ele se mostra como um homem generoso, que demonstra interesse por outras pessoas e também por seus sucessos, ele é capaz de se alegrar com os outros. Com um pequeno grupo, esse homem vai assistir a um jogo de futebol. A maioria das pessoas nesse grupo expressa seu entusiasmo. Só ele, esse homem que se vê como uma pessoa tão generosa, não para de criticar, de se irritar incessantemente.

Essa é uma situação que ocorre repetidamente no dia a dia. Uma pessoa que critica constantemente estraga a alegria dos outros. No início, eles tentam argumentar, a discussão os irrita cada vez mais, eles se distanciam, vão embora. O entusiasmo foi abafado ou destruído.

Quando o relacionamento é bom, é possível questionar tal comportamento. Então poderíamos perguntar: "É possível que você esteja com inveja?" Possivelmente, o outro admite e confessa sua inveja, pede perdão por ter estragado a alegria dos outros. Ele pode até formular que ele se sentiu excluído pelo entusiasmo dos outros e que lamenta ter vivenciado isso como um déficit e, por essa razão, quis estragar o prazer dos outros com a sua crítica exagerada. E é verdade: é uma sensação desagradável não conseguir se entusiasmar num grupo de entusiasmados, de se sentir excluído da alegria comunal; isso pode provocar inveja.

A imposição da sombra

Quando alguém é capaz de reagir da maneira descrita, ele já alcançou um alto nível de aceitação da sombra. Mais provável é uma reação irritada: com irritação e raiva conseguimos repelir a vergonha que sentimos quando somos pegos num comportamento que revela a nossa sombra. Irritados, "impomos" uma sombra ao outro: nós mencionamos um dos aspectos da sombra dele ou sugerimos que ele o tem. Muito provavelmente, ele reage por sua vez com uma imposição de sombra ainda mais agressiva.

A pergunta "É possível que você esteja com inveja?" já pode ser entendida como uma imposição de sombra, mas é formulada de tal forma que o outro não precisa reagir com vergonha. Pois a pergunta sugere que todos nós conhecemos a sensação de inveja. Assim o outro pode parar de criticar e, talvez, até explicar depois de algum tempo o que provocou a inveja.

A imposição de sombra como reação de defesa costuma escolher palavras bem diferentes: "Todos vocês são tão acríticos, tão superficiais, é por isso que vocês se animam tanto". Para uma pessoa, cujo eu ideal é uma pessoa crítica e esclarecida, isso é uma calúnia, uma imposição de sombra: ela está sendo acusada de ser intelectualmente inferior. Isso não significa, evidentemente, que a imposição de sombra represente uma realidade – nesse contexto, preferimos falar em projeção. As pessoas, porém, que impõem uma sombra, estão convencidas de que sua percepção é correta. Infelizmente, existe uma observação de C.G. Jung que muitas pessoas conhecem e que, se a considerarmos como irrestritamente válida, nos permite opinar sobre a sombra de outra pessoa: "De fato, a experiência mostra que o portador da projeção não é um objeto qualquer, mas sempre se ajusta à natureza do conteúdo a ser projetado, isto é, oferece um gancho adequado à coisa a ser pendurada" (Jung, *OC* 16/2, § 499).

Quando Jung fez observação, ele recorreu a uma imagem de projeção em que algo é "jogado para fora" – e, evidentemente, gruda em algo. Deduzimos disso que não podemos projetar qualquer coisa sobre uma pessoa, só podemos projetar aqueles aspectos que já existem no portador da projeção. Sabemos, porém, que pessoas famosas se tornam portadoras de projeções com uma facilidade e frequência muito maior do que pessoas que não aparecem publicamente. Sabemos também que não podemos criar conhecimento sem transferirmos a nossa experiência interior para o nosso ambiente: o passado para o presente, humores para o clima, o clima para o nosso humor, experiências que fizemos com uma pessoa para a expectativa em relação a outra pessoa... Quando fazemos isso, podemos também projetar, e para isso a outra pessoa não precisa nos oferecer nenhum "gancho" senão aquele de todos nós sermos seres humanos e, por isso, apresentarmos uma estrutura semelhante.

Essa citação de Jung é uma citação nefasta, principalmente no âmbito da projeção de sombra, pois quando impomos uma sombra a outra pessoa, nós estamos totalmente convencidos de que tal pessoa realmente tem aquele aspecto de sombra, que ela até deveria ser grata a nós pela nossa percepção (é assim que chamamos a nossa projeção), pois é essa percepção que permite o confronto com a sombra e o seu processamento.

É claro que uma projeção pode acertar a sombra do portador da projeção, já que todos os seres humanos, principalmente os contemporâneos, podem ter constelações de sombra semelhantes. Mas visto de fora, pela mera aparência, isso não pode ser determinado com segurança e supor isso de antemão como algo dado é um tanto arrogante. Muitas vezes, um portador de sombra vive de forma positiva um lado da vida que, em nós, se transformou em sombra.

Imposições de sombra ferem e magoam, elas são percebidas como transposição de limites, já que não pedimos que aquele que nos impõe uma sombra investigasse nossos aspectos de sombra. A regra da "intersubjetividade ilesa" de Jürgen Habermas (Habermas, 1990), que é uma regra contra a dominação e a submissão e que pretende proteger a dignidade do indivíduo, é suspensa. Evidentemente, isso não significa que nenhuma crítica seja permissível. Uma crítica construtiva, porém, visa ao fato que poderia ser aprimorado, não à autoestima da pessoa. Mesmo que uma crítica construtiva envolva também uma crítica à pessoa, isso ocorre de forma muito menos emocional do que a imposição de sombra. E o mais importante é que a crítica construtiva reconhece não só a sombra, mas também a luz. A imposição de sombra, porém, visa à pessoa, à autoestima, ela magoa e provoca irritação e raiva. Em seguida ocorre muitas vezes uma imposição de sombra recíproca – o ciclo de desvalorizações foi acionado (cf. Kast, 2014b, p. 65ss.).

Quando somos pegos num comportamento motivado pela sombra, nós sentimos vergonha – nós nos defendemos. Quando alguém desenvolveu uma aceitação da sombra, ele não precisa da arma da imposição dela. No entanto, a aceitação da sombra pressupõe uma autoestima estável. Se quisermos que uma experiência da sombra resulte num desenvolvimento e não em mais uma projeção da sombra, precisamos de um complexo do eu suficientemente coerente, de um eu forte, que consegue lidar com a ferida causada por ela. Precisamos também de certa autoconfiança para, quando alguém nos impõe uma sombra, distinguir se ela está realmente se referindo a um aspecto da nossa sombra ou se devemos refutá-la como incorreta.

Jung acreditava que uma primeira fase do "confronto com o inconsciente" – esse método do processo de individuação consciente (cf. Kast, 2015a) – deveria ser dedicada ao processamento da sombra. De certa forma, isso seria o "diploma de graduação", depois seguiria a "pós-graduação" no confronto com o inconsciente coletivo, com os arquétipos da *anima* e do *animus* (cf. Jung, *OC* 13, § 481). Existem terapias e análises que começam com o processamento necessário da sombra, muitas vezes, porém, uma análise começa com imagens grandes e impressionantes que fazem o inconsciente parecer uma mãe bondosa e generosa. Isso tem uma razão: pessoas que procuram uma terapia costumam se encontrar numa crise ou numa fase difícil de desenvolvimento, sua autoestima – seu senso de identidade – está mais instável. As imagens do inconsciente como "mãe bondosa" regulam a autoestima, e é com a autoestima fortalecida que se inicia o confronto com a sombra. Com uma frequência ainda maior, parece-me, emergem imagens que fortalecem o eu, então ocorre um confronto com figuras da sombra.

Pessoas, porém, que internalizaram em seus complexos materno e paterno pais muito críticos pedem já no início da terapia que o terapeuta lhes diga o que estão fazendo de "errado" para que possam mudar. Para essas pessoas, a imposição da sombra é o normal e elas recusam qualquer tentativa de poupá-las. No entanto, não faz muito sentido satisfazer o seu desejo sob essas circunstâncias, pois isso não resultaria em mudança, mas apenas em mais desencorajamento e resignação. Os temas da sombra e da aceitação da sombra só são tratados quando o complexo do eu é coerente o suficiente para suportar feridas e mágoas e ousar um comportamento diferente. O confronto com a sombra, porém, não deve ser subestimado. Ele é extraordinariamente difícil e de enorme importância para a vida interpessoal. Um número infinito de problemas relacionais difíceis resulta da inconsciência em relação à sombra, muitas vezes causados justamente por pessoas que acreditam dominar a sua sombra.

Além disso, não é possível resolver de uma vez por todas o problema da sombra – produzimos sempre novas sombras.

A "*persona* impessoal", a "sombra impessoal"

Existem aspectos da sombra que, em determinado tempo e em determinada cultura, não são reconhecidos como tais porque são sancionados por muitos membros. Essa sombra coletiva, mas próxima da consciência, só se revela como sombra mais tarde em retrospectiva, quando ela deixa de ser vista como algo natural. A "*persona* impessoal" gera uma "sombra impessoal". Numa passagem muito interessante de *Ser e tempo*, Martin Heidegger fala sobre "O ser si mesmo cotidiano e o impessoal" (Heidegger, 1927; Niemeyer, 1963, § 27). Ele explica como, no fundo, os outros determinam como nós devemos viver – não um outro específico, mas todos os outros. Quando perguntamos quem seriam esses outros, Heidegger responde que é o "impessoal" (o *Man*). Esse "impessoal" impõe uma ditadura indetectável: nós aproveitamos a vida como *se* aproveita a vida, pensamos como *se* pensa, nós nos vestimos como a sociedade *se* veste. O impessoal regulamenta o dia a dia, de modo que não precisamos perder tempo pensando sobre muitas coisas, de modo que não precisamos tomar tantas decisões – isso facilita bastante a nossa vida.

Esse "impessoal" se manifesta, entre outras coisas, como o "público". Nós só começamos a perceber a ditadura do impessoal quando não nos subjugamos a ele, quando, por algum motivo, não fazemos parte ou não queremos fazer parte. Poderíamos, é claro, falar também de regras e normas, às quais nos submetemos, mas a expressão do "impessoal" ou do "si mesmo impessoal" gera novos pensamentos e indica também que isso não é algo que nos é imposto por alguma força externa, mas que ele nos alcança em nosso íntimo e lá provoca uma resposta. Sob a ditadura do impessoal, criamos um convívio em certa mediocridade, e essa mediocridade controla as exceções. Isso faz com que toda originalidade seja harmonizada, que toda conquista se transforme em algo que possa ser manuseado, que todo desconhecido se torne algo que se conhece desde sempre. E assim as possibilidades de ser do indivíduo são aplainadas. Simulações digitais nos mostraram que as pessoas consideram belo aquele rosto que resulta da superposição de muitos rostos, ou seja, o rosto mais mediano.

Esse "si-mesmo impessoal" regulamenta também o nosso entendimento de mundo e existência. Não é necessário ocupar-se com determinadas coisas, pois o "si-mesmo impessoal" já fez isso; podemos apelar aos outros e ninguém é responsável pelo todo. Esse "si-mesmo impessoal", como Heidegger o chama – e eu falarei também da *persona* impessoal" – é extraordinariamente perigoso, pois é um produto de hábitos, preconceitos e mente fechada. No passado, racismo e sexismo também já foram aspectos do "impessoal" – e talvez ainda o sejam. O "si-mesmo impessoal" pode trazer um alívio no dia a dia, mas também nos impede de realmente sermos nós mesmos. Ele se contrapõe ao nosso si-mesmo verdadeiro, àquilo que percebemos como núcleo da nossa personalidade e pelo qual também nos sentimos responsáveis. Assim, a *"persona* impessoal" exclui certas possibilidades de ser, estas são reprimidas e se tornam aspectos da sombra. Quando a vida é "aplainada" sob o aspecto da *"persona* impessoal", ausentam-se da vida o difícil e o contrário, a resistência.

É muito difícil falar sobre o "si-mesmo impessoal" predominante na atualidade, pois todos nós nos encontramos sob a influência do "impessoal" de determinado tempo. Só depois de ocorrer uma revolução podemos, em retrospectiva, determinar a *"persona* impessoal" da era agora passada e a sombra que a gerou. Se a nossa *"persona* impessoal" busca a adaptação excessiva, em algum momento irromperá uma sombra rebelde; se a nossa *"persona* impessoal" é muito intelectual, irromperá uma sombra mais emocional e talvez até passional.

Fora dessa *"persona* impessoal" encontramos solidão e responsabilidade própria; quanto mais presos estivermos na *"persona* impessoal", mais o nosso si-mesmo passa a fazer parte da sombra. Se agirmos a partir do nosso próprio si-mesmo, a *"persona* impessoal" dirá que giramos em torno de nós mesmos, que somos egoístas.

Juntamente com o "si-mesmo pessoal" desenvolve-se a "sombra impessoal": no início, ela é inconsciente, pois todos nós participamos dela. Quanto mais nos rendemos à *"persona* impessoal", mais o nosso ser si-mesmo peculiar é reprimido; somos obrigados a nos rebelar se quisermos vivê-lo. E a *"persona* impessoal" vê isso como comportamento da sombra.

Aquele que se rebela contra a *"persona* impessoal" deixa de se submeter ao ditado dos outros, mas leva em conta também o outro, as exigências do mundo interior. Essa rebelião necessária costuma ser realizada pelos jovens adolescentes, e sua rebelião transforma também a *"persona* impessoal" em certa medida. Então, aos olhos dos rebeldes, os adaptados, aqueles que se submetem à *"persona* impessoal", passam a ser os portadores da sombra.

A sombra como o estranho

Estranho não é simplesmente aquilo que ainda não conhecemos, estranho é algo que não conhecemos e que, muitas vezes, é também sinistro, mas que nos diz respeito de um modo inegável. Disso também se aplica à sombra: ela pode ser sinistra e muito estranha para nós, mas ela também nos fascina.

A ideia da sombra como algo que nos é estranho poderia ser entendida no sentido da "sombra positiva" de Jung (cf. Jung, *OC* 9/1, § 485) ou, melhor, no sentido de suas afirmações de que existem conteúdos do inconsciente que ainda não são fortes o suficiente para alcançar o consciente (cf. Jung, *OC* 7/1, § 103). Na minha opinião, a expressão "sombra positiva" não ajuda muito. Ela não combina com o conceito da sombra utilizado por Jung. Pois a sombra é definida como algo que não conseguimos aceitar a partir do eu ideal. Mas quando a aceitamos, o efeito costuma ser positivo, a sombra nos enriquece e vitaliza – e ela traz uma autenticidade maior. Quando analisamos a afirmação de Jung sobre a sombra positiva mais de perto, vemos que ele realmente se refere à sombra que ainda nos é estranha.

Jung desenvolveu uma teoria do inconsciente em que o inconsciente não é simplesmente um depósito de coisas reprimidas e esquecidas, mas é um nível psíquico do qual partem constantemente novos impulsos – expressão de um desenvolvimento psíquico até a morte. E por isso sempre há algo na nossa psique que nos é estranho e quer ser reconhecido e aceito. Mas o fato de que coisas desconhecidas invadem constantemente o consciente significa também: não paramos de surpreender a nós mesmos. Devemos manter isso em mente quando fazemos promessas que se estendem até o futuro distante. Mas existe também muita coisa estranha dentro de nós que, provavelmente, sempre permanecerá estranha a nós.

O fato de sermos estranhos para nós mesmos em nossa própria psique não é um pensamento exclusivamente junguiano. Julia Kristeva, uma das psicanalistas francesas mais importantes, escreveu um livro intitulado *Estrangeiros para nós mesmos* (Kristeva, 2013). Ela também acredita que nós sempre reprimimos algo, que nós nos alheamos dele e o transformamos em algo estranho, mas ela afirma que existe sempre também algo estranho em nossa psique que não é resultado de algo reprimido. Aquilo que acaba de alcançar o limiar da consciência e, por isso, se apresenta como algo estranho, é, na verdade, o nosso futuro – e, muitas vezes, este se apresenta como sombra. Aparentemente, amamos muito o habitual. Temos a tendência de, no início, demonizar tudo que é novo – alguns anos atrás, por exemplo, a internet com suas possibilidades virtuais. No meio-tempo, já nos acostumamos a ele. O fato de demonizarmos o novo significa simplesmente que ele nos assusta.

Estranhamos aquilo que nos é estranho; de um lado, ele nos atrai, mas também nos inquieta, exige confronto, aproximação e até aceitação. Quando vinculamos a sombra ao estranho dentro de nós, alcançamos outro nível da sombra.

O estranho como aquilo que fascina

O estranho nos seduz ou nos obriga a transpor nossos limites habituais; o estranho altera nossa identidade. O inconsciente que nos alcança na forma de premonições, de sonhos que nos dão a entender que algo que ainda é estranho para nós deseja tornar-se consciente, nos transformará – na maioria das vezes, não subitamente, mas aos poucos. Quanto mais seguros nós nos sentirmos em nossa identidade, quanto mais liberdade interior tivermos, menos teremos que relegar esse estranho à sombra, mais cedo ele nos fascinará. Mas quando nos sentimos inseguros em nossa identidade e temos uma autoestima instável que pode ser abalada facilmente, o estranho nos assusta e o vivenciamos como algo ameaçador e nos comportamos de acordo com o nosso medo. As duas emoções que se manifestam em conexão com o estranho são o fascínio e o medo.

O fascínio é um sentimento que nos atrai para espaços desconhecidos, que nos encanta, que nos coage implacavelmente a ceder a essa atração. Isso exige capacidade de entrega: esses espaços desconhecidos devem ser explorados e sondados com muita paciência até revelarem um mistério da nossa vida. Em certos casos, isso pode levar a vida inteira. A fama do fascínio não é a melhor, pois sabemos que ela nos arrasta, nos leva consigo, que ela nos encanta – a palavra latina "fascinare" é traduzida como "encantar", "enfeitiçar". No fascínio, o desconhecido, o estranho, vem ao nosso encontro com uma grande atração energética; por outro lado, nada nos fascina que não tenha pelo menos algum aspecto estranho. Esse estranho pode ser um país, uma pessoa, pode ser uma ideia ou uma fantasia. Enquanto ele nos fascina, o mistério contido no estranho ainda não foi totalmente revelado.

Visto que, muitas vezes, projetamos algo desconhecido e fascinante do nosso interior sobre esse estranho, nós nos deparamos com nossa própria psique quando o encontramos: no fascínio, encontramos nosso mundo interior no mundo exterior e muitas vezes não sabemos: é o externo que nos fascina ou aquilo que projeto sobre ele? Como símbolo do fascínio conhecemos a corda, também o fio dourado ou as amarras douradas que amarram e também puxam as pessoas. O *Handwörterbuch des deutschen Aberglaubens* [Almanaque da superstição alemã] afirma que é como se a pessoa fascinada estivesse amarrada por um laço invisível e que algo a puxa por esse laço. Quem ou o que nos puxa? É o estranho em nossa própria alma, o estranho que precisa se tornar nosso amigo, esses lados estranhos dentro de nós que precisam ser trazidos para a consciência.

Esse estranho pode ser algo reprimido, algo do qual nos alheamos, mas pode também indicar possibilidades de desenvolvimento. Nesse contexto, a psicologia junguiana fala da sombra de um lado e, de outro, de *anima* e *animus*. *Anima* e *animus* são arquétipos do estranho misterioso ou da estranha misteriosa que regulamentam as relações no sentido mais amplo: a relação com o mundo interior, a relação com o mundo exterior, a relação com o Tu, nossas relações amorosas, mas também a relação com nosso próprio centro.

O vínculo é este: primeiro o estranho se apresenta como sombra, mas por trás da sombra operam forças arquetípicas completamente diferentes. Quando repelimos a sombra como algo estranho por causa do nosso medo, não conseguimos obter acesso aos espaços fascinantes da alma que geram muitas possibilidades de desenvolvimento também a partir dos complexos materno e paterno (cf. Kast, 2005b).

É claro que não podemos simplesmente nos render aos conteúdos fascinantes de forma acrítica, pois eles também nos afastam da realidade. Podemos verificar em nós mesmos como foi forte a atração de um fascínio no passado e quão forte ela é num fascínio no presente. Se quisermos resistir a essa atração, precisarmos saber o que é que nos fascina e descobrir o que esse fascínio significa para o nosso dia a dia. Em termos concretos, isso significa, de um lado, render-se ao fascínio e, de outro, integrá-lo continuamente no dia a dia. É tão perigoso não seguir o fascínio quanto é perigoso render-se a ele de modo acrítico. Quando repelimos o fascínio, isso equivale a uma paralisação do desenvolvimento. A vida é congelada, estabelece-se um estado de ausência de vitalidade, de depressão, de resignação e, muitas vezes, simplesmente de tédio. No entanto, é evidente também que nenhum ser humano pode se envolver constantemente com o estranho. Precisamos de um território seguro a partir do qual podemos nos aventurar em solo estranho em medida suportável. O fascínio, portanto, nos conduz para o estranho da nossa personalidade.

Seu objetivo é a transformação da identidade e, por isso, pode resultar facilmente num problema de identidade. Então o fascínio nos assusta, e nós o repelimos. Em outras palavras: o fascínio nos ajuda a superar o medo do estranho, que sempre está presente em alguma medida, "ignorando-o" num primeiro momento. Mas, em algum momento, o medo volta a se manifestar, o mais tardar quando começamos a ver e sentir as consequências do fascínio. Imaginemos, por exemplo, um grande, mas problemático fascínio erótico: você fica fascinado por uma pessoa que você não consegue aceitar de jeito nenhum porque muita coisa nessa pessoa está simplesmente errada. Mesmo assim existe um enorme fascínio, e esse fascínio obriga você a rever algumas opiniões a seu próprio respeito e a respeito da vida. O que se faz necessário aqui é aceitação da sombra.

Não devemos imaginar os fascínios simplesmente como algo "lindo", existem também fascínios relativos à sombra. Nesse caso, o poder do fascínio não nos permite distanciar-nos dele. E então corremos o perigo de perder a nossa boa fama, dinheiro ou uma pessoa querida. Perdemos também a autoimagem antiga, mas isso também nos vivifica.

O estranho como o assombroso

Quando a autoestima é insuficiente, o medo e a insegurança em relação à identidade se tornam grandes demais, e a consequência disso é que demonizamos aquilo que, momentos atrás, ainda nos fascinava: nós o transformamos em bruxa, o relegamos à sombra. Por meio do medo, o estranho se transforma no mal; na Idade Média, a bruxa e o diabo eram os portadores da projeção do mal – e, às vezes, o continuam sendo até hoje. O fascínio é numinoso. Quando algo numinoso se torna ameaçador, nós recorremos às categorias antigas de claro *versus* escuro, de bem *versus* mal, e então aquilo que nos fascina é identificado com o mal.

O estranho se diferencia do conhecido, do consciente, daquilo que se tornou o nosso lar. Em um artigo, Freud identifica o assombroso nos lugares em que não temos lar. Nesse artigo, ele contrapõe o assombroso e o estranho ao "secreto, familiar" (Freud, 1997, p. 243ss.). O novo não é assombroso em si, acredita Freud, algo mais precisa se aliar ao novo e ao desconhecido para que ele se torne assombroso. De acordo com sua teoria, esse "algo mais" é o reprimido. Segundo a teoria junguiana, o inconsciente contém não só o reprimido, mas também impulsos para o desenvolvimento que ainda não conseguimos perceber na consciência. Por isso o estranho assombroso pode ser também um convite da vida para a vida, pode apontar um desenvolvimento futuro. Se vivenciamos o estranho mais como assombroso ou como fascinante depende, em minha opinião, da coerência do complexo do eu e de uma identidade relativamente segura, que também pode ser questionada.

Mas existe ainda outro aspecto importante que faz com que o estranho nos assombre com tanta facilidade: assombroso é aquilo que tem a ver com ameaça, principalmente com a ameaça fundamental da vida, que envolve a morte. Quando nos deparamos com o estranho, reconhecemos também a morte como o totalmente estranho que nos espera. O fato da nossa imortalidade tem uma qualidade de sombra, sendo que – aqui – não estamos falando da sombra pessoal. Para a maioria das pessoas, a existência de doença, idade e morte, é um afronto. No fundo, acreditamos que deveríamos ser imortais, e a ciência faz um esforço enorme para alcançar essa meta – que talvez nem seja tão atraente assim. Em algumas representações do além, o reino dos mortos é o reino da sombra; os mortos sobrevivem como sombra sem corpo. A crença em espíritos tem a ver com essa qualidade de sombra da morte.

No entanto, podemos entender a morte também simbolicamente no sentido de uma transformação decisiva. A transformação sempre representa um risco, devemos renunciar ao que conhecemos e nos aproximar do novo, do estranho. Quando o estranho se torna muito assombroso, quando ele gera muito mais medo do que fascínio, a transformação iminente, sentimo-nos existencialmente ameaçados. Então, a transformação é vivenciada como uma morte.

A sombra como os estrangeiros

O estranho é facilmente projetado sobre os estrangeiros, sobre aqueles que não fazem parte de nós. Os estrangeiros não são simplesmente as pessoas de outros países, os exilados; podem ser também pessoas de nossa própria cultura, pessoas que levam uma vida que nos parece estranha. Essas pessoas nos fascinam quando estão muito distantes de nós – a distância facilita a nossa projeção. Começamos a sentir medo quando elas se aproximam, pois isso não nos permite sustentar nossas projeções. Mas quando cedemos ao medo diante do estranho, isso significa: temos a crise de identidade, não queremos acatar o chamado para o desenvolvimento e a transformação que resulta disso.

Quando projetamos nossa sombra sobre pessoas estrangeiras, surge o medo de que o estrangeiro trará para a nossa vida tudo aquilo que não queremos admitir em nós mesmos. Nas conversas entre amigos, os estrangeiros se transformam, por exemplo, em pessoas muito gananciosas. Na verdade, porém, a ganância é igualmente representada entre os estrangeiros e os conterrâneos. A "inveja alimentar"* tem sua origem num verdadeiro reservatório de sombra: a rivalidade entre irmãos. Entre irmãos, a sombra é projetada e delegada livremente, e raramente as projeções são questionadas – nem mesmo na idade adulta. Nós costumamos ver nossos irmãos da mesma forma como os vimos na infância, permanece também o temor secreto de que o irmão possa ter mais sucesso.

A xenofobia não se reduz à "inveja alimentar", trata-se mais do medo de sermos questionados; não queremos ser confrontados com inseguranças relacionadas à nossa identidade. O medo do estrangeiro não vê o novo que este anuncia, mas somente o antigo ameaçado, a ameaça àquilo que

---

* *Futterneid* em alemão designa o medo de que o outro (normalmente o estrangeiro, o imigrante) tire nosso emprego, nosso sustento ou, de alguma outra forma, afete negativamente o nosso padrão de vida [N.T.].

é meu, àquilo que não queremos que seja tirado de nós. Talvez o medo tenha a ver também com o fato de que as estruturas seguras que acreditamos ter construído podem ser abaladas. Na verdade, as nossas estruturas nunca são seguras e totalmente inteligíveis, só temos a impressão de entendê-las porque estamos familiarizados com elas. Em algum momento, porém, todas as estruturas novas se tornam familiares.

Quanto mais vivenciarmos o novo e o estranho como sombra, mais medo eles geram. Quanto maior o medo do estranho, maior a probabilidade de vê-lo como sombra. Quando projetamos uma imagem hostil sobre um estrangeiro, quando projetamos nossa própria estranheza sobre ele e a combatemos nele, sempre tememos também que a nossa própria identidade possa ser diluída. No contexto da xenofobia, muitos expressam esse temor, que inclui o medo de perder o aconchego entre os semelhantes. Esses problemas estão intimamente vinculados à preocupação com nossa própria identidade.

Mas será que realmente somos tão estranhos uns para os outros?

Inge Strauch e Barbara Meier (Strauch & Meier, 1992) analisaram sonhos e descobriram que 44,1% dos cenários oníricos ocorrem num ambiente que é estranho ao sonhador, e que 24,6% das pessoas que apareciam nos sonhos analisados são estranhos. A prática terapêutica nos mostra que esses estranhos podem gerar indiferença nos sonhadores ou então sentimentos violentos, medo ou fascínio. Os sonhos são nossos próprios produtos: visto que encontramos neles tantos cenários estranhos, tantas pessoas estranhas, então isso prova que somos, em grande medida, estranhos de nós mesmos. O estranho e os estranhos em nossos sonhos são aspectos psíquicos que fazem parte de nós, por isso devemos olhar para esse estranho, devemos aceitá-lo e integrá-lo.

"Somos estrangeiros para nós mesmos" – a declaração de Kristeva tem grande legitimidade. Ela pode nos assustar, mas pode nos oferecer também esperança: nunca encerramos definitivamente o nosso desenvolvimento, ele é sempre aberto. Algo pode mudar de uma forma que jamais teríamos imaginado – também no sentido positivo. Essa afirmação de que o desenvolvimento nunca chega ao fim levanta, é claro, a pergunta em que, afinal, podemos confiar. – Talvez na capacidade da maioria das pessoas de lidar com o estranho sem perder a sensação de continuidade da vida, de conseguir conectar o incomum e estranho com a nossa identidade habitual, de tal forma que a sensação de sempre sermos a mesma pessoa não se perca apesar de todas as transformações e mudanças pelas quais passamos.

A sombra coletiva

O estranho pode ser sedutor e nos conduzir a um desenvolvimento, no entanto, ele pode também, como já vimos, provocar fortes medos, e então ele se transforma facilmente no "mal".

A sombra com a qual nos deparamos por dentro e por fora costuma pertencer ao âmbito do inconsciente pessoal, ela provém da nossa psicologia pessoal. No conceito de sombra de Jung existe, porém, uma sombra que vai muito além do pessoal, "podendo ser comparada por isso com um princípio como o do mal" (Jung, OC 9/1, § 567). Essa sombra é arquetípica, ela pertence ao inconsciente coletivo. Jung escreve sobre essa sombra arquetípica: "É bem possível que o indivíduo reconheça o aspecto relativamente mau de sua natureza, mas defrontar-se com o absolutamente mau representa uma experiência ao mesmo tempo rara e perturbadora" (Jung, OC 9/2, § 19). Em outro lugar, ele escreve: "O diabo é uma variante do arquétipo da sombra, isto é, do aspecto perigoso da metade obscura, não reconhecida pela pessoa" (Jung, OC 7, § 152).

Segundo Jung, um arquétipo é uma constante antropológica da vivência, da representação, do processamento e do comportamento (cf. Kast, 2012a, p. 114ss.). De um lado, ele é um fator estruturador no âmbito psíquico e físico, de outro, é um fator dinâmico e emocional, um princípio de ordenação e processamento.

Quando falamos do arquétipo, não nos interessamos primeiramente por sua definição como o escuro, o mal. De um lado, trata-se do fato de que, onde há pessoas, existe sempre também uma sombra e, de outro, do fato de que o convívio com a sombra é uma tarefa tipicamente humana. Podemos reconhecer isso facilmente nas mitologias, onde o confronto com a sombra ocupa um lugar importante.

Jung fala também da sombra coletiva, da qual participam todas as pessoas, mas sobre a qual temos pouco controle. Trata-se aqui da destrutividade como possibilidade do comportamento humano; a maioria das pessoas a entende como sombra. Todos nós temos parte nessa sombra, mesmo quando não participamos em uma ação destrutiva. Quando ocorre algum conflito bélico, isso nos fere, mesmo quando não estamos envolvidos e não sofremos suas consequências imediatas. O fato de o ser humano poder ser tão destrutivo envergonha todos nós. No entanto, nossa impossibilidade de exercer qualquer influência sobre uma guerra numa região distante não significa que não devamos nem possamos tomar nenhuma medida contra tal comportamento destrutivo. Não devemos desistir da esperança de que o ser humano possa se tornar menos destrutivo. Isso diz respeito também às nossas próprias tendências destrutivas: também aqui vale avançar agressivamente contra a nossa própria destrutividade.

O mal

O que é "o mal"?

Vivenciamos como "mau" aquilo que se contrapõe à nossa vontade e intenção. Chamamos de mau também um destino que não entendemos e que não conseguimos aceitar. Quando perguntamos fundamentalmente por aquilo que vivenciamos como mau, somos confrontados com o medo: aquilo que nos assusta é aquilo que vivenciamos como mau. Quando falamos sobre o mal, devemos pensar também na dimensão ética e em perguntas como: agimos sob o princípio do mal em concorrência com o bem? Ou: como podemos agir bem se o mal existe?

O mal como algo objetivo, como poder metafísico provavelmente não existe, trata-se mais provavelmente de uma projeção mítica, como postula Siegfried Vierzig (1984) em seu livro *Das Böse* [O mal]: transformamos a experiência dolorosa do mal na vida em algo objetivo: o mal.

A experiência do mal na vida está intimamente vinculada à sombra. Como ocorre esse vínculo? Há doença, decadência, morte, fracasso, abandono, perdemos pessoas que amamos, pessoas se aproveitam de nós, tiram algo de nós que não queremos perder, nos expulsam etc. Tudo isso faz parte da vida humana. Mas em vez de aceitar isso e processar essas experiências, que vivenciamos como más, de forma realista, fazemos uma projeção coletiva: o culpado é o mal. Em muitas crenças religiosas, nós seres humanos participamos de alguma forma desse mal.

No entanto, essa projeção coletiva não é muito útil, pois mesmo com ela somos obrigados a continuar convivendo com as experiências do mal; além disso, precisamos agora temer o mal também como uma força metafísica. Já que a agressão também é projetada sobre esse mal, temos menos possibilidades de nos ocupar com a vida. Além de tudo isso, também somos culpados. Uma projeção um tanto fatal!

A figura mítica do diabo é uma variante dessa projeção de experiências que vivenciamos como más, como dolorosas. No cristianismo tradicional, encontramos de um lado o Deus brilhante, de outro, sua imagem oposta, o diabo relegado à sombra. Transferindo isso para o nível pessoal: quanto mais brilhante o eu ideal, mais escura a sombra. O diabo pôde ser acusado de muita coisa, tudo que precisava ser demonizado, principalmente, é claro, a sensualidade.

Isso se evidencia numa figura simbólica humana do mal: a bruxa, à qual se atribuía um vínculo íntimo com o diabo. Antes do século XIII, as mulheres que, mais tarde, foram difamadas como bruxas eram consideradas mulheres sábias; eram parteiras, especialistas em ervas etc. Elas se transformaram em símbolo do mal, isto é, em bruxas por causa da avaliação negativa da sensualidade e sexualidade feminina (a mulher seduz o homem!). Na Europa da Idade Média tardia, a sensualidade e a sexualidade se transformaram, sob a influência do cristianismo, em origem do mal. A coletividade reconhecia que a sensualidade era ruim e má, que era sombra, e a bruxa se tornou símbolo desse mal. Em seguida, outras experiências do mal foram atribuídas às bruxas: doença, peste, fome, morte. As bruxas se tornaram portadoras da sombra *par excellence*, que deviam ser eliminadas. Essa projeção não só impediu que a sombra fosse processada, ela também produziu muita sombra em nome do bem, e a luta contra a sombra também resultou numa destrutividade enorme.

O filósofo Immanuel Kant parte de uma imagem do ser humano completamente diferente: "Aquilo que o ser humano é ou deve se tornar no sentido moral, bom ou mau, ele mesmo deve se transformar ou ter se transformado nisso. Ambos devem ser um efeito de sua vontade livre; caso contrário não poderia ser atribuído a ele [...]" (Kant, apud Vierzig, 1984, p. 38s.). Kant nunca desistiu de falar da obrigação para o bem, mesmo tendo reconhecido no ser humano uma tendência para o mal. Sua afirmação coincide com a ideia da sombra arquetípica, da qual todo ser humano participa: apesar de sempre termos que contar com a sombra, temos a obrigação de fazer o bem.

No contexto da sombra arquetípica, Jung fala do lado escuro de Deus, pois ele parte do pressuposto que todo bem contém também um mal. Ele quer libertar Deus da idealização unilateral como "exclusivamente bom" para que nem tudo que não corresponde ao ideal precise ser demonizado. Como psicoterapeuta, Jung se deparava frequentemente com os efeitos da unilateralidade cristã e do fato de que as pessoas que só querem ser "boas" se tornam neuróticas. Se Deus é ideal e as pessoas devem ser ideais, mas não conseguem sê-lo, elas são "demonizadas". Dorothee Sölle, teóloga e filósofa, fala nesse contexto de um "sadismo teológico": Deus é brilhante, e Ele envia às pessoas todo o mal como punição justa para os pecados da humanidade. A pessoa que sofre neste mundo é uma pessoa na qual Deus está operando. Sölle vê isso como recomendação para o masoquismo feita aos cristãos. Nesse caso, o sofrimento teria a função de ferir o orgulho do ser humano, de confirmar sua impotência e de conduzi-lo de volta para um Deus que se torna ainda maior depois de tornar o ser humano tão pequeno. Sölle contrapõe a essa ideologia cristã de dominação e submissão uma afirmação da vida: "O objetivo da vida cristã não é o sofrimento, mas o amor, que deve continuar e persistir, mesmo que ele traga o sofrimento" (Sölle, apud Vierzig, 1984, p. 47ss.).

O escritor Albert Camus, um representante do existencialismo francês, também se ocupa com o sofrimento e com a vida em face do sofrimento. Em seu livro *A peste* (Camus, 2013), ele apresenta um padre que propaga o sofrimento como meio de purificação do ser humano. Camus desmascara esse sadismo teológico como uma projeção e fuga da responsabilidade. Sua solução: diante do fato do mal – que, em seu livro, se materializa na peste – só existem a revolta, a luta contra o mal e a cura. Para Camus, suportar o absurdo, suportar a vida entre os grandes momentos de felicidade e as adversidades cotidianas é um desafio profundamente humano.

Devemos suspender a projeção mítica do mal sobre "o mal", sobre o "diabo", por exemplo e, portanto, também a ideologia do sofrimento que, por vezes, é propagada também pela psicologia profunda. A nossa chance humana é, em cada situação que vivenciamos como má, confrontar-nos com o nosso próprio medo e também com as possibilidades de transformação. Sofreremos mesmo assim, mas não como fim em si mesmo, mas como *conditio humana*. Assim não abrimos mão da responsabilidade pela nossa própria vida.

Por que as pessoas transformam experiências más em um mal em si? Provavelmente, esse comportamento provém da necessidade de afastar ao máximo aquilo que é vivenciado como mau e de delegá-lo a um "mal" inequívoco; trata-se de uma projeção e delegação de sombra coletiva. Então não precisamos mais assumir responsabilidade por ele, a ação do mal se transforma em algum tipo de destino. Devemos responder a isso com a autorresponsabilidade kantiana.

A crença no diabo e em bruxas não anulou o efeito do mal; a tentativa de extingui-lo intensificou sua produção. Quando projetamos "o mal", projetamos coisas más. Isso significa que devemos levar muito a sério a forma de como lidamos com a sombra. Devemos tentar evitar aquilo que vivenciamos como mau no presente e que nos causa dor ou, quando é algo que vem de fora, devemos nos proteger contra isso. No entanto, é igualmente importante mudar a nossa visão da vida no sentido de uma aceitação da sombra.

Ou seja, devemos esperar que a vida nos traga não só brilho, mas brilho e escuridão em todos os graus, riso e choro, vida e morte – não porque exista um diabo, mas porque é a essência da vida humana.

Tampouco vale encontrar novos portadores de projeção do mal para substituir os diabos míticos ou as bruxas medievais, como, por exemplo, os estrangeiros. É perigoso quando tentamos nos livrar da nossa própria sombra por meio de tais projeções de imagens do inimigo. Infelizmente, porém, isso ocorre facilmente, pois a projeção coletiva de uma imagem de inimigo nos permite criar um bom-senso comunal – um aspecto da identidade coletiva – e um bom-senso de identidade própria: nós somos os bons, e os outros, os estrangeiros e aqueles que não pensam como nós, são os maus como portadores da sombra. São eles que devemos combater – essa é a falácia. Existiriam muito menos conflitos bélicos se o tema da sombra fosse reconhecido e processado como tema central da vida de cada ser humano.

A sombra coletiva e a questão de uma ética nova

Não foi nenhum acaso que, depois da Segunda Guerra Mundial, Jung ressaltou o tema da sombra: não foram só os terrores da guerra que tornaram isso inevitável, mas também o seu próprio comportamento durante o Terceiro Reich.

Inicialmente, Jung parece ter ficado fascinado ao ver sua visão do inconsciente confirmada na Alemanha de Hitler: um arquétipo tinha se constelado, que se expressou também no culto a Wotan. A princípio, o objetivo de Jung deve ter sido a comprovação de sua teoria psicológica, sobretudo a existência de um inconsciente coletivo e dos arquétipos, e sua aceitação também na Alemanha. Isso resultou numa cegueira específica em relação à ideologia, à imagem do ser humano e ao programa dos nazistas. O fato de algumas declarações de Jung, que não deveriam ter sido feitas após a queima dos escritos de Freud, terem nascido de inveja e rivalidade não as legitima em nada, mas as tornam um pouco mais compreensíveis. Muito interessante é a observação de Urs Aeschbacher (Aeschbacher, 1996, p. 32-41), segundo a qual Freud teria magoado Jung no âmbito do religioso quando ele declarou o religioso como algo neurótico. Essa mágoa teria sido uma razão essencial dos ataques de Jung contra o "materialismo judeu".

Parece-me que Jung viu os acontecimentos na Alemanha como fenômenos que ele podia interpretar com a ajuda de sua teoria – o problema é que as suas interpretações não eram objetivas e livres de valores. E, evidentemente, ele não quis reconhecer que cada interpretação pode ser aproveitada politicamente. Em seu artigo "Depois da catástrofe" (Jung, *OC* 10/2, § 408), de 1945, ele observa que ele não sabia em que medida o ocorrido lhe dizia respeito pessoalmente. Isso significa, para mim, que ele estava cego para a relação entre psicologia e política, mas que também estava cego em relação ao peso de suas declarações. Ele subestimou a sua relevância! Isso torna ainda mais lamentável o fato de, após 1945, ele não ter refletido mais a fundo sobre seu papel nessa época. Pois ele não estava apenas fascinado, ele também alertou (Jung, *OC* 10/2, §§ 371-399) e ficou cada vez mais decepcionado quando não ocorreu a renovação criativa a partir do arquétipo, na qual ele tinha apostado tanto.

É provável que as discussões sobre o suposto antissemitismo de Jung jamais serão concluídas (cf. Evers, 1987; Jacoby, 1992, p. 24-40; Kirsch, 1985, p. 40-65; Neumann, 1992, p. 3-23; Samuels, 1993; Spillmann, 1998, p. 272-295). Certa contradição e ambivalência de Jung nos tempos do Terceiro Reich devem ser suportadas. É correto afirmar que o passado político de um pensador e do fundador de uma vertente da psicologia profunda também deve ser visto e analisado. Para os junguianos, a tarefa consiste em retirar o fundador da idealização e em vê-lo como um ser humano, também com os seus aspectos de sombra. O confronto crítico com os grandes mestres é necessário, ele é uma precondição para a criatividade livre das gerações posteriores.

No entanto, parece-me que a fixação nesse aspecto da biografia de Jung impede o reconhecimento da riqueza da psicologia junguiana como um todo. Infelizmente, porém, parece-me que o objetivo desse discurso seja justamente esse. Muitas vezes, o "passado nazista" de Jung é evocado para não ter que se ocupar com suas ideias, para poder ignorar o trabalho pioneiro de suas contribuições para a psicologia e as conquistas dos analistas pós-junguianos.

Para os junguianos, é claro, é importante perguntar quais aspectos da psicologia junguiana são capazes de nos tornar cegos à ideologia. Penso aqui principalmente no conceito dos arquétipos. No entanto, não convém negar a realidade dos arquétipos e das vertentes arquetípicas com base nas afirmações de Jung no contexto do Terceiro Reich e achar que, por isso, eles não agem na psique. O que se faz necessário é uma análise consciente e crítica dessas vertentes arquetípicas. No posfácio a "Ensaios sobre a história contemporânea" – e esta é uma das suas consequências mais importantes do tempo nazista: "Quando a realização de um arquétipo não acontece de modo consciente, não existe nenhuma garantia de que ele se realize de forma favorável; antes surge o perigo de uma regressão prejudicial. Parece que a alma tem sua consciência para essa finalidade, para impedir tais possibilidades destrutivas" (Jung, *OC* 10/2, § 475).

A dívida não paga, que se expressa em símbolos arquetípicos e nas correntes coletivas relacionadas a ela, só pode se transformar em um impulso criativo quando a consciência dos seres humanos se ocupar com eles de forma crítica e determinada. Caso contrário, solidificam circunstâncias existentes e podem resultar em regressões coletivas, o que corresponderia à entrega a uma ideologia ou que poderia se tornar fundamento para um pensamento fundamentalista etc. Jamais podemos perder de vista como é essencial o confronto entre a consciência e os conteúdos arquetípicos, caso contrário não teremos aprendido nada com os erros de Jung.

A psicologia junguiana se propagou pelo mundo. O aspecto problemático disso é que partes individuais da teoria foram apropriadas de forma irrefletida. A psicologia de Jung fascina também por causa de sua ênfase na necessidade do religioso para o ser humano. O religioso, que, por um lado – como doutrina da igreja – é suspeitado como ideologia e que, de outro, é relegado ao âmbito esotérico, pode ser encontrado numa forma que agrada a muitos que se encontram numa busca religiosa. O perigo, porém, de permitirmos que imagens arquetípicas coletivas se apoderem de nós e nos "arrastem" sem que façamos o trabalho necessário de um confronto pessoal e crítico é muito grande. Quando nos recusamos a esse trabalho, a psicologia profunda perde a sua pretensão emancipatória, nós nos tornamos menos livres. Parece-me importante trazer à luz da melhor forma possível esse aspecto do legado de Jung e o próprio comportamento de Jung e também lidar com a decepção diante do fato de que, na era nazista, Jung não se comportou da forma como teríamos desejado.

A sombra coletiva

Não vivemos como indivíduos isolados. O bem e o mal que as pessoas fazem nos influencia, inclusive tudo que tem um efeito destrutivo: guerra, extinção daqueles que não pensam como nós, opressão etc. Em seu artigo "Depois da catástrofe", de 1946, Jung escreveu: já que os seres humanos estão ligados a todos os outros seres humanos por meio de sua humanidade, "ao contrário do que imagina a nossa consciência, um crime nunca pode ocorrer por si mesmo, ou seja, como um fato psíquico isolado, ele sempre ocorre no âmbito maior" (Jung, *OC* 10, § 408). Esse é um pensamento muito antigo e muito contemplado nos dias de hoje. Já Platão dizia que a visão de algo feio evoca o feio em nosso peito. Como seres humanos, participamos de toda sombra, pois a sombra é um fenômeno coletivo. E já que a sombra e o confronto fazem parte do ser humano – por serem arquetípicos – a sombra continuará sendo um problema enquanto existirem seres humanos.

Nesse contexto, Jung falou também sobre a culpa coletiva como um destino trágico que afeta todos, os justos e injustos (cf. Jung, *OC* 10, § 405). Essa culpa coletiva deve ser distinguida da culpa individual, e isso levanta a pergunta: "Como posso viver com essa sombra?", e: "Qual é a atitude necessária para conseguir viver a despeito do mal?" (§ 443). Quero acrescentar: para poder viver com esse mal.

Essas são perguntas que foram feitas de forma muito incisiva depois da Segunda Guerra Mundial – por Jung e por Erich Neumann, um de seus alunos. Mesmo que Jung ressalte que cada pessoa deve encontrar sua própria resposta, encontramos em sua obra algumas ideias referentes a isso. Para ele, a psique é um sistema autorregulador. Esse é um pensamento que, hoje, é bastante comum, mas que, em 1916, quando Jung o desenvolveu, era revolucionário (cf. Jung, *OC* 8, §§ 159ss.). Baseando-se nessa hipótese, ele explica que, em situações em que o mal coletivo domina – como, por exemplo, na guerra – surgem na psique símbolos de uma ordem coletiva como forma de compensação.

Em seu artigo "A luta com a sombra", de 1946, ele escreve que, devido à influência da sombra coletiva no tempo da Segunda Guerra Mundial, foi possível constatar dissolução, destruição e caos nas psiques de pessoas individuais, mas também o surgimento de uma nova compensação, que se manifestava em "símbolos de ordem coletivas", ou seja, nos mandalas (cf. Jung, *OC* 10, §§ 450ss.). Em 1946, Jung evoca, portanto, o arquétipo da ordem contra o caos e a destrutividade.

Sabemos hoje que a autorregulação da psique humana está vinculada a certas condições, por exemplo, à coerência do complexo do eu (cf. Kast, 2012a, p. 108ss.) e que, em casos graves de depressão, a autorregulação não funciona, mas que ela pode ser restabelecida por meio da relação terapêutica.

Existe uma observação interessante de Jung, que insere essa ideia de compensação num contexto importante: "[...] mas quando o indivíduo era capaz de se agarrar a um restinho de razão ou de preservar os laços de uma relação humana, surgia no inconsciente justamente pela confusão da razão consciente uma nova compensação, e esta podia ser integrada pela consciência" (Jung, *OC* 10, § 450). Ou seja, essa compensação não ocorria sempre, mas só em pessoas que conseguiam preservar um "restinho de razão" – seja lá o que isso signifique – e, mais importantemente: em pessoas que permaneciam relacionadas a outras pessoas. Onde há relação humana, a compensação pode ocorrer. Essa observação, vinculada ao convívio com a sombra, vai além da questão da compensação: é possível lidar com a sombra onde há uma relação real. Uma relação parece ser o antídoto para a resignação em face da sombra – é claro que a relação também é o lugar em que a sombra se manifesta. Mas é justamente a decisão em prol da relação – e, provavelmente, em prol do amor – nos capacita a lidar de forma mais responsável com a sombra.

Uma das causas mais importantes para todo o mal no mundo é, segundo Jung, a inconsciência do ser humano. Um remédio é a conscientização, não só a conscientização da sombra individual, mas também o trabalho na imagem de Deus, para que ela não precise mais ser dividida em claro e escuro. No fim das contas, isso é também um trabalho na imagem do ser humano. Viver em consciência da sombra significaria então que as pessoas convivam de forma diferente – e menos destrutiva – umas com as outras.

Uma nova ética?

Mais ou menos na mesma época em que Jung fez as reflexões acima descritas, o aluno judeu de Jung Erich Neumann escreveu um livro intitulado de *Tiefenpsychologie und Neue Ethik* [Psicologia profunda e nova ética]. O tratado foi publicado em 1949 pela editora Rascher em Zurique. De acordo com o prefácio, ele foi escrito durante a Segunda Guerra Mundial. Sua tese: precisamos de uma nova ética para o convívio com o mal.

Nessa monografia, Neumann identifica o mal inicialmente como pretensão de domínio dos nazistas, mas também como aquilo que impediu a igualdade de direitos dos povos de cor; no fim das contas, é o mal que impede a realidade da unidade da humanidade (cf. Neumann, 1964 [1949], p. 9). Ele pergunta o que pode levar o ser humano a assumir a luta contra o mal. Segundo ele, isso exige uma nova ética.

A fim de identificá-la, ele descreve primeiro a ética antiga: ela provém de fontes judaico-greco-cristãs e tem como modelo humano o santo, o sábio, o ser humano que defende o bem e a nobreza, mas também o herói sóbrio. O ponto central da ética antiga é que existe um bem que pode ser conhecido e que é visto como absoluto, e a isso corresponde um ideal de perfeição. Esse bem que pode ser conhecido determina também um negativo, que não deve ser pensado nem vivido. A repressão ou a dissociação do negativo é consequência desse bem absoluto, e, por causa dessa dissociação, as pessoas precisam de bodes expiatórios, elas produzem *doppelgänger*; no fim das contas, também guerras. De acordo com Neumann, a ética antiga se dirige exclusivamente à consciência, é uma lei moral; os mandamentos valem como orientação geral, que deve ser obedecida. A ética antiga é, segundo Neumann, uma ética coletiva. Ela é responsável pela negação dos aspectos da sombra, pela projeção da sombra.

Neumann apresenta essa ética antiga de modo bastante raso, o que é compreensível, visto que ele pretende sugerir uma ética nova. Na verdade, a ética antiga é muito mais dialética do que Neumann admite – basta pensar em Paulo, que diz: "Não faço o bem que quero e sim o mal que não quero" (Rm 7,19). Isso também é ética antiga. Ou Lutero que diz que devemos agir de forma ética não para ganhar o céu, mas a partir de um sentimento de aceitação, apesar de termos tantos lados negativos. Uma boa obra já seria aceitar essa aceitação. Lutero expressa aqui uma ideia muito interessante: somos aceitos a despeito da sombra – ele já reconheceu a sombra como uma *conditio humana*. E essa ética antiga não é simplesmente uma ética de consciência, já se trata de uma ética de relações, pois ela regulamenta relações. Não quero apresentar aqui uma apreciação abrangente da ética antiga, mas parece-me sensato reconhecer seus méritos.

Neumann contrapõe à ética antiga uma nova ética, que gira em torno da conscientização das forças positivas e negativas no ser humano e da inclusão dessas forças na vida do indivíduo e na comunidade. Ele escreve: "Minha sombra é parte e expoente da sombra da humanidade em si, e quando minha sombra é antissocial, gananciosa, cruel e má, pobre e miserável [...], então a reconciliação com ela é a reconciliação com o irmão sombrio da humanidade em si, e ao aceitá-lo e aceitar a mim mesmo nele, eu aceito com ele também toda a parte da humanidade que é 'meu próximo' como a minha sombra" (Neumann, 1964 [1949], p. 92).

A ideia de Jung de que a sombra sempre é também uma sombra coletiva, mesmo que os conteúdos sejam individuais, é nitidamente acatada aqui: a nossa sombra individual é também a sombra da humanidade, e a reconciliação com os aspectos da sombra é uma reconciliação com os aspectos mais feios da humanidade, mas é também uma declaração da aceitação da essência do ser humano, inclusive de seus lados escuros.

Essa nova ética exige que reconheçamos onde nossa sombra determina nossas ações, onde somos cruéis, maus, antissociais, e que nos reconciliemos com isso. É fácil dizer isso. Se fazê-lo fosse igualmente fácil, não teríamos que recorrer a todos os tipos de truques para manter a sombra longe de nós.

O princípio orientador dessa nova ética é a integração. Os opostos em nossa psique devem ser unidos, e, segundo Neumann, eles se unem no si-mesmo. Disso resulta uma "ética de individuação". Neumann substitui o superego da ética antiga, que "garante" a observação das regras e que se expressa nos mandamentos, com o si-mesmo, o centro da personalidade, a totalidade da personalidade, e a voz interior substitui as regras que devem ser seguidas. Ao superego corresponde a consciência, que é cunhada pela coletividade, que não é apoiada pela responsabilidade da pessoa individual; Neumann contrapõe a essa consciência a voz interior como expressão do si-mesmo, à qual devemos seguir. Isso nos permite integrar ao invés de reprimir, nós nos tornamos íntegros como seres humanos, mas não perfeitos; assim superamos o ideal da sombra da perfeição sem sombra.

Podemos nos perguntar se isso realmente confere ou se, com o conceito da integridade, Neumann não insere outro ideal exagerado pela porta dos fundos. Integridade significa, para Neumann: o indivíduo não deve ser bom a qualquer preço, mas ele deve ser verdadeiro, autônomo, saudável e criativo – tudo isso é consequência da integração da sombra. Sobretudo, porém, deixaríamos de ser "infecciosos", não contagiaríamos as outras pessoas com a nossa sombra, não a projetaríamos e delegaríamos, mas assumiríamos responsabilidade por ela. Para Neumann, esse objetivo de não ser infeccioso é, em relação à humanidade como um todo, mais importante do que a criatividade.

Certamente podemos concordar com a preocupação de Neumann de que a humanidade possa ser contagiada pela sombra e também com sua ideia de que integração é melhor do que dissociação. E quanto à voz interior? É tão fácil assim ouvir e seguir essa voz interior? Não há dúvidas de que existem certas situações na vida em que ouvimos claramente a voz interior, especialmente quando decidimos nos opor a ela e então entramos num conflito. Mas em situações cotidianas isso não é tão fácil assim. Podemos ouvir essa voz interior nos sonhos; mas, às vezes, não conseguimos entendê-la muito bem, e nossos sonhos não são simplesmente conhecedores da verdade. Os sonhos trazem certa perspectiva para a nossa vivência consciente, e é muito importante levá-la em consideração. Mas a regra fundamental é que a consciência deve sempre se ocupar e buscar o confronto com o inconsciente e não o seguir sem questionamentos. É claro que, de um lado, seria maravilhoso se tivéssemos essa fonte de conhecimento em nossa psique, que nos diria exatamente o que devemos fazer, por outro, porém, isso também seria terrível, pois isso faria de nós meros executores dessa voz e dessas ordens interiores. A ideia de Neumann de seguir a voz interior do si-mesmo é importante, mas não é tão fácil realizá-la, e a ética relacional está praticamente ausente em seu esboço. Ele trata dela implicitamente quando fala sobre o tema do "não ser infeccioso".

Essa monografia chamou muita atenção: em uma carta de dezembro de 1948, Jung escreve ao autor que a obra sobre a nova ética já estava causando alvoroço e que havia discussões de incluí-la entre as publicações do Instituto de Jung, que, na época, completava seis meses de existência. "Só o título '*Nova*' ética é um toque de trombeta [...]. Tentarão injetar gás venenoso em nosso nariz e jogarão sujeira contra a nossa cabeça" (Jung & Neumann, 2015, p. 270). No fim, porém, ele agradece por esse escândalo. Nove anos depois, em uma carta de 3 de junho de 1957 (Jung & Neumann, 2015, p. 342ss.), Jung assume uma postura mais clara diante de Neumann: "No fundo, concordamos em relação à chamada 'nova ética', mas eu prefiro expressar esse problema delicado em uma linguagem um pouco diferente. Na verdade, não se trata de uma 'nova' ética. O mal é e sempre será aquilo do qual sabemos que não devemos fazê-lo. Infelizmente, o ser humano se superestima nesse sentido; ele acredita que ele tem a liberdade de pretender o mal ou o bem. [...] Ética é aquilo que o impede de fazer o mal intencionalmente e que o encoraja – muitas vezes com pouco sucesso – a fazer o bem. Isto é, ele pode fazer o bem e não evitar o mal [...]. Visto que o mal é inevitável, nunca conseguimos fugir completamente do pecado, e é esse fato que deve ser reconhecido. Ele ocasiona não uma nova ética, mas encoraja reflexões éticas mais diferenciadas, ou seja, a pergunta: Como eu me comporto diante do fato de não poder escapar do pecado?" (Jung & Neumann, 2015, p. 342s.).

E essa é a velha pergunta de Kant: o mal está sempre presente, a pergunta é como podemos lidar com esse fato. Então, em 1957, Jung afirma que nenhuma nova ética era necessária, mas apenas reflexões éticas mais diferenciadas. Neumann tinha uma visão: a ética da individuação é capaz de confrontar o mal. Se o ser humano individual consegue integrar as trevas em sua vida em medida suficiente, se ele consegue conscientizar-se dela – e nisso ele segue totalmente o pensamento de Jung – talvez o mal deixe de existir em algum momento, pelo menos a destrutividade da humanidade diminuirá. Jung ressalta, porém, que o mal sempre será um problema – é uma posição da humildade que Jung assume aqui. O que é importante para ele é que sempre mantenhamos esse convívio dialético com o claro e o escuro. Ele sugere também que, sempre que contemplamos a sombra de uma pessoa, devemos mostrá-la também em sua luz. Essa é uma observação de grande importância e que, na prática, pode se manifestar desta forma: quando um sonho mostra a qualidade de sombra a uma pessoa, o sonhador costuma observar com frequência: "Mas eu não sou tão mau assim" ou ele recorre a algo que mostre mais luz. Isso não é simplesmente uma negação da sombra, é a tentativa de não sucumbir totalmente a esse aspecto da sombra, de fazer jus a si mesmo.

Na obra autobiográfica *Memórias, sonhos e reflexões* (Jung, 1962, p. 332), Jung ressalta que uma decisão ética é um ato criativo subjetivo e que ela se contrapõe a decisões que obedecem a uma autoridade. Nesse ato criativo é possível detectar um impulso que parte do inconsciente, mas a responsabilidade é assumida pelo eu consciente.

Normalmente o indivíduo é tão inconsciente, escreve Jung, que ele não conhece as suas possibilidades de decisão e, por isso, se orienta temerosamente pelas regras e leis externas. A culpada é a educação, que se orienta principalmente pelo conhecimento geral da sociedade e não pela experiência pessoal do indivíduo (Jung, 1962, p. 333). A educação ensina idealismos que o ser humano individual jamais poderá cumprir. E aqui encontramos outra dica para lidar com a sombra: na educação, poderíamos falar mais sobre os problemas com a sombra, mais sobre as dificuldades nas decisões éticas e não só comunicar um catálogo de comportamentos desejáveis.

A resposta que Jung dá à pergunta sobre o mal em seu último ano de vida é: "Aquele, portanto, que deseja encontrar uma resposta à pergunta sobre o mal necessita, em primeiro lugar, um bom autoconhecimento [...]. Sem poupar a si mesmo, ele deve saber quanto bem ele é capaz de fazer e de quais ultrajes ele é capaz, e de forma alguma ele deve acreditar que o primeiro seja real; e o segundo, uma mera ilusão" (Jung, 1962, p. 333).

A resposta de Jung à pergunta sobre a melhor forma de lidar com o mal não é, portanto, o apelo por uma nova ética, mas por mais autoconhecimento e pela necessidade de não atribuir os nossos próprios ultrajes a outras pessoas. O que ele proclama é uma desconfiança saudável em relação a si mesmo, mas também uma aceitação saudável. Além disso, ele exige que deixemos de cair na tentação dos opostos: "Quando tocamos o mal, existe o perigo urgente de sermos seduzidos por ele. Não devemos ser seduzidos por nada, nem mesmo pelo bem" (Jung, 1962, p. 331). Assim, o bem e o mal perderiam o seu caráter absoluto e seriam compreendidos como "juízos", que precisam ser feitos sempre de novo. Na realidade, raramente precisamos optar pelo bem e contra o mal, mas pelo melhor ou pelo pior.

Como resposta ao mal da Segunda Guerra Mundial, Neumann proclamou uma nova ética. Como resposta à grande destrutividade, à qual ele se viu exposto como judeu, eu considero notável essa visão suportada pela esperança de que o ser humano é capaz de se transformar e de que, no fundo, ele é bom. Mas já em 1948 essa nova ética pedia demais. No escrito de Neumann, ainda nos deparamos com a esperança do movimento psicanalítico do início do século de que todas as projeções podem ser suspensas, bastando que o ser humano se conscientize em medida suficiente e de que isso resulte numa grande transformação da personalidade.

Nessa visão, o ser humano é um sistema relativamente fechado, que, apesar de sempre projetar para fora, também é capaz de voltar tudo para dentro. Hoje em dia, pensamos mais em contextos relacionais, mais sistêmicos e, principalmente, dinâmicos: cada ideal novo gera uma sombra nova. A ideia da integração completa da sombra se deve ao mesmo pensamento do indivíduo como unidade fechada: uma conscientização suficiente permitiria integrá-la até ela deixar de existir. No entanto, muitos aspectos da sombra, como, por exemplo, uma raiva assassina que nos leva a acreditar que podemos matar uma pessoa, não podem ser integrados. Podemos tomar conhecimento dessa raiva, podemos ativar mecanismos de regulação, evitando, por exemplo, situações de vida semelhantes. Assim aceitamos essa sombra e assumimos a responsabilidade por ela.

Se conseguíssemos deixar para trás a ética do superego, como exigia Neumann, também teríamos processado e resolvido todos os complexos de autoridade. Entre outras coisas, o superego é também uma coleção de coisas que as autoridades exigiam e exigem de nós e que estão vinculadas aos complexos de autoridade. O objetivo da nova ética de Neumann, a dissolução dos complexos de autoridade, seria extremamente desejável. Os complexos de autoridade fazem com que o eu, que vive sob o domínio desses complexos, tenha pouca liberdade, que ele seja obrigado a viver a vida exigida pelas autoridades internalizadas. Visto que uma boa autoestima provém da ativação dos próprios desejos e competências, a autoestima piora consideravelmente sob a influência dos complexos de autoridade. Muitas vezes, isso precisa ser compensado por uma sombra de poder. A ideia de Neumann é certamente correta: se conseguíssemos dissolver os nossos complexos de autoridade, grande parte da sombra seria compreendida não como sombra, mas como força vital e poderia ser aproveitada. O confronto com o complexo de autoridade é, porém, uma tarefa vitalícia, e não são somente os complexos de autoridade dos quais devemos nos desligar constantemente; o mesmo vale também para os complexos paterno e materno, muitas vezes vinculados aos complexos de autoridade (cf. Kast, 2005b).

A ideia de uma nova ética de Neumann é inspiradora, mas ela não pode ser realizada na forma que ele imaginava. Mesmo assim, acredito que o título da monografia, *Psicologia profunda e nova ética*, contém um impulso forte, pois ele sugere que, no contexto da psicologia profunda, devemos sempre refletir sobre uma nova ética e dela podemos ter uma visão, mesmo que a sombra coletiva tenha acabado de comprovar sua existência numa guerra terrível. Ele nos encoraja a nunca deixarmos de refletir sobre novas formas de lidar com a sombra, sobre novas formas que nos levem a uma destrutividade menor.

Modelos de aceitação da sombra

Aceitação da sombra no mito

Mitos são interpretações próprias e interpretações do mundo de determinada cultura em determinado tempo, e seu objetivo é integrar o indivíduo com seus típicos problemas humanos num grupo e, muitas vezes, também no cosmo e permitir que ele entenda a vida. Como expressão do inconsciente coletivo, porém, eles também são modelos para a interpretação do indivíduo e do mundo em determinadas situações existenciais, cuja validade se aplica a todos os seres humanos. Mitos são narrativas que falam também a nós, os seres humanos de hoje, que desafiam a nossa imaginação e nos encorajam a reconhecer os nossos problemas em seu espelho.

Como as ciências, os mitos também são sistemas de experiência, mas utilizam outras imagens da realidade, e é justamente isso que interessa, pois essas imagens são coloridas, evocam emoções, geram um espaço comum de representação. Além disso, são também modelos de interpretação do mundo. Se o convívio com a sombra é realmente um problema coletivo, um problema arquetípico, o convívio de muitas pessoas com a sombra deve ter deixado rastros nos mitos e nos contos de fada. Assim podem ser modelos que podem ser aplicados pelo menos em parte ao convívio atual com a sombra. Tentarei mostrar a exemplo do mito sumério de Inana e Eresquigal que isso realmente confere.

Inana e Eresquigal[4]

Trata-se de um mito que foi registrado na Suméria mais ou menos em 2500 a.C., na Mesopotâmia, entre os rios Eufrates e Tigre. Inana e Eresquigal são irmãs-sombra. Como Estrela da Manhã e Estrela da Noite, como deusa do céu e deusa da superfície da Terra, Inana é a deusa da vida, do dia, do mundo superior. Mas ela é também rainha de todos os países, portanto, detém um grande poder e um vínculo interior com o deus das águas, da astúcia e da sabedoria: Enqui. Ela é considerada também a deusa do amor, da beleza, da coragem e da determinação. Além disso, ela é bem combativa. Sua carruagem é puxada por sete leões, um símbolo da dinâmica poderosa que a move. É também ela que celebra o Casamento Sagrado com Dumuzi, o rei-pastor de Uruque. O Casamento Sagrado é sempre um símbolo da união do Céu e da Terra, o que garante a continuação eterna da criação (cf. Kast, 1984). Podemos interpretar o Casamento Sagrado em vários níveis: como mito da vegetação, mas também como símbolo da união de opostos no amor, que possibilita a vida criativa. O mito conta que Inana foi banhada e ungida para o Casamento Sagrado com Dumuzi, que seu colo é preparado para o colo do rei. Ela elogia a si mesma como linda e, ansiosa, chama Dumuzi.

A irmã-sombra de Inana é Eresquigal, do ponto de vista de Eresquigal, a irmã-sombra é, evidentemente, Inana.

---

4 [Sobre este tema,] cf. Wolkenstein & Kramer, 1987; Meador, 1992.

Eresquigal é a deusa do submundo, da morte e da escuridão – do mundo proibido aos vivos. Ela tem "olhos da morte", decide sobre vida e morte. Ela é caracterizada por uma energia elementar: durante dias e noites, ela tem relações sexuais com um homem sem que isso a satisfaça; onde Inana é prazerosa, Eresquigal é gananciosa. A primeira garante a fertilidade; a outra, a morte. No mito, Eresquigal é apresentada como deprimida e irritada, como solitária e impotente em seu grande poder.

O mito contém diferentes histórias míticas sobre Inana. Eu me concentro naquela parte que tem como tema a aceitação da sombra:

Inana volta seu ouvido para o mundo subterrâneo. Ela ouve algo, aguça os ouvidos – algo chama, e ela ouve com mais atenção. Assim começa o confronto com a sombra: algo chama, e nós ouvimos, prestamos atenção. Pode se tratar de um "sonho da sombra", que nos inquieta ou simplesmente não sai mais da nossa cabeça; é possível que alguém mencione um aspecto da sombra ou que nós mesmos sintamos que algo não está em harmonia na nossa vida.

Inana ouve, abandona o céu, parte do espaço de vida da Terra e desce para as profundezas. O mito descreve minuciosamente tudo o que ela deixa para trás – e isso torna visível a sua riqueza e a sua esfera de poder. Esse é um aspecto muito importante no confronto com a sombra: primeiro lembramo-nos dos lados claros, das competências, daquilo que já foi bem-sucedido. Para nos confrontarmos de verdade com os lados sombrios, precisamos de todas as forças disponíveis, devemos nos conscientizar mais uma vez das competências e da beleza que já adquirimos.

O fato de que Inana se adorna com tudo que ela tem – as sete forças sagradas – é um símbolo disso: a coroa do páramo selvagem, que a conecta com a Terra, depois um tubo e uma corda de medição, símbolos da medida certa, pérolas de lápis-lazúli como símbolos do Céu com as estrelas, pedras duplas ovais, cuja forma de ovo simboliza fertilidade e a possibilidade do renascimento, uma pulseira de ouro como expressão do vínculo com o sol e o solar. Ela veste também um "peitoril homem-vem-vem", provavelmente uma forma antiga de sutiã, que alude à arte da sedução, à potência erótica, mas também à belicosidade. Junta-se a isso uma cor dos olhos "Que ele venha", que, provavelmente represente o olhar erótico sensual, e ela veste também como peça mais importante o manto da rainha. A *persona* que ela apresenta aqui é impressionante.

Inana ouve o chamado da profundeza, mas ela não o segue de imediato: primeiro ela se cerca com as forças sagradas antes de adentrar o âmbito não sagrado. Primeiro ela se lembra de sua riqueza e o exibe propositalmente. Se transferirmos isso para um confronto com a sombra mais comum: primeiro ocorre a autoconscientização num sentido positivo e reconhecido: tudo que fortalece a nossa autoestima ou a fortaleceu no passado é trazido para a consciência.

Mas Inana faz mais do que isso: antes de descer para o submundo, ela instrui a sacerdotisa Ninsubur. Esta permanece no mundo superior. Caso Inana não retorne dentro de três dias, Ninsubur deve pedir aos deuses que eles ajudem Inana, e Inana deixa instruções precisas sobre o tipo de ajuda que podem oferecer-lhe: ela sabe que a descida para o submundo será difícil.

No encontro com a sombra, não se trata apenas de nos conscientizarmos mais uma vez de todas as forças que temos, de todas as possibilidades de vida, de todos os sinais da vida bem-sucedida, trata-se também de deixar para trás aquela parte de nós que não precisa desse confronto com a sombra. Ou seja, trata-se de não permitirmos que sejamos totalmente tomados pela sombra. E trata-se de tomar providências para que não permaneçamos para sempre no âmbito da sombra, para que não nos identifiquemos totalmente com esse âmbito que, no mito, é o âmbito da morte.

O que isso pode significar? E como procede essa descida? Inana alcança a porta para o submundo, ela quer arrombar a porta, ela chama, grita. Inana é uma deusa impaciente, exigente, impulsiva e autoritária. "Guardião, abra a porta!" Neti, o guardião, pergunta: "Você, quem é você?" Antes da abertura da porta, surge a pergunta pela sua identidade. A resposta de Inana: "Eu sou a estrela da noite à caminho da manhã". Com essa imagem que une a noite com a manhã, ou seja, da passagem da noite para a manhã, ela diz que ela é aquela que busca a transformação. – Neste momento, essa é a sua identidade.

Quando somos confrontados com a sombra, é muito importante levantarmos a pergunta sobre a nossa identidade, especialmente quando, como aqui no mito, o âmbito de poder externo é reduzido, não existem mais relacionamentos que nos apoiam, quando os símbolos de poder são retirados de nós. O fato de Inana ver a si mesma como estrela que busca a transformação noturna é a identidade dela. Aceitação da sombra significa também buscar transformação, aceitar transformação. No entanto, Neti, o guardião, diz: "Esta é uma terra que não conhece retorno". Isso significa: não existe possibilidade de transformação, apenas a morte. Ou a ideia seria de que isso é uma situação de vida existencial pela qual é preciso passar, da qual não existe retorno sem transformação?

Agora, Neti pergunta a Inana pela razão de sua vinda, e Inana responde que o touro celestial – o marido de Eresquigal – foi morto por Gilgamesh e Enquidu e que ela deseja participar de seu sepultamento. Ela vem porque uma ordem antiga foi destruída. A aceitação da sombra ou a recuperação do reprimido se torna essencial em nossa vida quando uma ordem antiga deixa de exercer sua função. Mas vale também a perspectiva inversa: uma ordem antiga deixa de exercer sua função porque um excesso da existência humana foi relegado à sombra, porque um excesso de vida foi reprimido.

Eresquigal é informada sobre a chegada de Inana em um dos setes portões para o submundo. Ela não tem interesse por essa visita e se enfurece com a vinda de Inana, ainda mais por ela vir em toda a sua glória. Ela instrui Neti a deixá-la passar por uma porta por vez e a despi-la. E Neti obedece à ordem de Eresquigal. Aos sete portões do submundo correspondem os sete poderes sagrados de Inana; em cada portão, ela é obrigada a entregar um de seus sete poderes. É claro que isso a irrita imensamente. Neti a informa ritualmente da necessidade de cumprir os costumes sagrados. "Calada, Inana! Costumes sagrados devem ser executados, não se oponha a eles" (in: Meador, 1992).

Um atributo ou símbolo dos poderes sagrados é retirado dela um após o outro até ela se curvar totalmente despida diante de sua irmã. Esta desce de seu trono de madeira, e Inana se senta nele.

Isso é uma descrição pictórica do caminho do confronto com a sombra: um por um, os aspectos da *persona*, mas também os símbolos de uma vida bem-sucedida devem ser entregues até ficarmos completamente nus e curvados, e então ocorre uma inversão dos papéis: Inana ocupa o lugar de Eresquigal, agora ela se identifica com sua irmã sombria, com a deusa da morte – estamos lidando aqui com uma identificação com a sombra. Mas a história não para por aqui: os juízes do submundo a fixam com seu olhar da morte, e Inana morre, agora ela não passa de um pedaço de carne apodrecido. O confronto real e último com a sombra significa que a personalidade antiga está morta. Inana previu isso e, assim, orientou Ninsubur.

Ninsubur lamenta quando Inana não retorna após três dias e três noites e procura ajuda, como Inana a instruiu. Ela a encontra em Enqui, o deus da sabedoria, da água e da astúcia. Este cria dois seres com a argila sob suas unhas. Evidentemente, Enqui também já esteve no submundo, pois a argila provém do reino de Eresquigal. Enqui cria dois seres de argila: Galatura e Kurgara. Estes são enviados ao submundo com a planta da vida e com a água da vida. Para esses "seres", os portões não representam obstáculos, eles passam pela fenda dos portões.

Entrementes, muito aconteceu no submundo: ao invadir o submundo, Inana é devorada por Eresquigal. E agora Eresquigal está parindo – uma representação de morte e renascimento. É justamente a identificação com a sombra que significa a morte do antigo eu, que permite o renascimento. Ao dar à luz, Eresquigal está sozinha, impotente, entregue às suas dores – e de repente aparecem Galatura e Kurgara, e eles são empáticos, sentem com Eresquigal. Quando Eresquigal grita: "Meu corpo, ah, meu coração!", esses seres respondem: "Nossa rainha. Tu estás em aflição. Teu pobre corpo, ah, teu pobre coração". Esses seres são empáticos com Eresquigal como pessoa que sofre, são empáticos com ela também como ser da sombra.

Essa empatia transforma Eresquigal. Ela pergunta: "Quem chora comigo, quem geme comigo?" Ela não está mais sozinha, não está mais – juntamente com todo o submundo – dissociada dos outros, ela pode ter parte nos outros seres. E ela quer presentear esses seres. Galatura e Kurgara, porém, foram instruídos: eles não devem comer nada, não devem beber nada no submundo, e como recompensa devem pedir como presente o pedaço de carne morta – Inana.

Eresquigal lhes entrega a carne morta, Galatura e Kurgara a cobrem com a planta da vida, a molham com a água da vida – Inana acorda, se levanta. Eresquigal diz: "Levai daqui a vossa rainha".

No entanto, Inana deve providenciar um substituto para si mesma, ela precisa encontrar alguém que a represente no submundo. No final de uma longa história, Dumuzi, seu marido com o qual ela celebrou o Casamento Sagrado, é enviado para o submundo. Ele não teve conhecimento da viagem para o submundo de Inana, portanto, ainda deve ser confrontado com esse âmbito da vida. O mito conta que Inana o fixa com "olhos da morte" – agora ela tem os olhos de Eresquigal, essa é a transformação pelo confronto com a sombra que se manifesta e se torna visível em Inana. Agora, Inana tem conhecimento da morte, da transitoriedade de todas as coisas terrenas, mas seus "olhos da morte" também lhe permitem distinguir entre ser e aparência, ela sabe que tudo tem uma sombra.

Agora, a conexão com Eresquigal também está aberta, o submundo não é dissociado novamente, o vínculo com a sombra está garantido. Dumuzi passa seis meses de cada ano no submundo, sua irmã Guestinana se oferece a representá-lo no submundo durante os outros seis meses do ano. Se interpretarmos Eresquigal como sombra destrutiva e, provavelmente, também depressiva da Inana radiante, essa sombra destrutiva pode agora se tornar criativa e gerar o novo. E agora Inana não é mais apenas a deusa radiante do céu, agora ela conhece a morte.

Evidentemente, podemos interpretar esse mito também de outra forma, podemos contemplar outros aspectos. Podemos entendê-lo como mito de vegetação, como mito da lua em suas fases diferentes, como mito da menstruação (cf. Meador, 1992.) ou simplesmente como mito de transformação num sentido geral. Como em todos os mitos de transformação, encontramos o abandono do habitual, morte e renascimento e o retorno como pessoa transformada para a vida habitual (cf. Egner, 1997).

Mesmo assim, eu acredito que muitas imagens apontam para a aceitação da sombra: aceitação da sombra significa, entre outras coisas, o abandono do habitual, nada é mais exatamente como era antes – e, acima de tudo, ninguém pode prever o que virá depois. Nós realmente nos confrontamos com o estranho, e isso nos transforma de modo imprevisível. Esse respeito diante do encontro com o âmbito da sombra se revela no fato de Inana prever o que acontecerá.

Antes de partir, ela informa Ninsubur, provavelmente uma de suas sacerdotisas, e a refere a Enqui, o deus da criação. Podemos interpretar isso de tal forma que Ninsubur representa um aspecto de Inana que não precisa ser confrontado com o âmbito da sombra. O fato de Inana ter conhecimento do deus da criação pode significar: ela sabe que existe transformação na vida, que a vida sempre continua, também no confronto com morte e destruição, ela sabe que existe um princípio criativo na vida e que esse princípio criativo encontra o caminho e um acesso ao submundo.

Tanto Ninsubur como Enqui podem ser vistos como figuras interiores de Inana, sobretudo Enqui, já que, muito antes de sua descida ao submundo, Inana conseguiu obter de Enqui os "Me" sagrados, os princípios de ordem e as potências da vida intelectual, religiosa e cultural. Ninsubur e Enqui simbolizam aspectos da personalidade que são poupados e excluídos do confronto com a sombra e que, no confronto com a sombra, nos dão a certeza de que, apesar de termos que aprender algo muito essencial relacionado aos lados escuros da vida, existem também entrega e transformação criativa, que não existe somente a morte, mas também sempre algo novo.

O mito trata em primeira linha da renovação de Inana, ela se transformou. Mas a sua irmã-sombra também foi transformada – ao ser retirada de seu isolamento e ao vivenciar empatia em seu sofrimento. A sombra – também como morte – faz parte do ser humano. É preciso ter empatia com o sofrimento ligado a ela. Devemos ser empáticos conosco mesmos, mas também com os outros seres humanos que sofrem com sua sombra de todas as formas possíveis. Isso é de grande importância, pois é uma forma reconciliadora de conviver com a sombra. Isso nos ajuda a entender que a sombra faz parte da essência humana. Quando não sabemos disso, corremos perigo de nos acusarmos numa situação de sombra. Perdemos a empatia conosco mesmos, e o perigo da repressão ou da dissociação aumenta. Isso não significa que não devamos assumir responsabilidade pela nossa sombra, mas devemos fazê-lo de modo empático. Quando conseguimos lidar de forma empática conosco mesmos quando estamos sombreados, os processos de transformação criativa podem ser ativados. A empatia é – pelo menos nesse mito – o início da transformação criativa, de uma transformação que resulta numa vitalidade maior. É nesse contexto que devemos ver a erva da vida e a água da vida.

Aceitação da sombra no conto de fadas

Como os mitos, os contos de fada também falam de problemas tipicamente humanos e dos caminhos que os protagonistas devem seguir para superar esses problemas. Os contos de fada costumam articular um processo de desenvolvimento muito específico com os obstáculos que, naturalmente, precisam ser vencidos. O protagonista faz o que suas próprias forças lhe permitem; quando os problemas são maiores do que sua capacidade, o protagonista procura ou recebe e aceita ajuda – normalmente, aparece alguma pessoa que oferece ajuda.

Também nos contos de fada existem muitas histórias sobre o convívio com a sombra. Visto que somos mais familiarizados com os contos de fada do que com os mitos, é um pouco mais fácil aplicar suas imagens ao nosso convívio cotidiano com a sombra.

Um conto de fadas em que a identificação com a sombra exerce um papel fundamental é o conto da pastora de gansos.

A pastorinha de gansos

Era uma vez uma velha rainha que enviuvara desde muito tempo, ficando apenas com uma filha de extrema beleza.

A menina foi crescendo e se tornou uma belíssima jovem; então foi prometida em casamento ao filho do rei de um reino distante. Quando chegou a época de se realizarem as bodas, ela teve que partir para o reino do noivo. A rainha viúva deu-lhe um riquíssimo enxoval que, além de muitas roupas maravilhosas, incluía também uma grande quantidade de móveis finamente cinzelados, joias raras, cristais finíssimos e uma infinidade de objetos de ouro e prata; em suma, deu-lhe o máximo que convinha a uma princesa real, pois amava ternamente sua única filha. Para a longa viagem deu-lhe ainda uma aia, incumbida de acompanhá-la e entregá-la nas mãos do príncipe. No momento de partir, as duas receberam um cavalo cada uma, sendo que o da princesa se chamava Falada, porque sabia falar.

Na hora das despedidas, a rainha foi ao quarto; com uma faquinha de ouro feriu-se no dedo e deixou pingar três gotas de sangue num alvo lencinho de rendas; em seguida, entregou o lenço à filha, recomendando-lhe:

– Minha querida filha, guarda isto com o máximo cuidado; ser-te-á de grande auxílio na viagem.

Abraçaram-se e beijaram-se com grande tristeza; depois de guardar o lenço no decote do vestido, a princesa montou a cavalo e partiu. Após algumas horas de viagem, ela teve sede e pediu à aia:

– Apeia e vai buscar, com o copo que trouxeste para mim, um pouco de água daquele regato; estou com muita sede.

– Se tendes sede, – respondeu a aia rispidamente – descei do cavalo e ide beber no regato, pois não me agrada ser vossa criada.

Como estivesse realmente com muita sede, a princesa apeou, foi até ao regato e bebeu; não tendo tido a coragem de pedir o copo de ouro bebeu nas mãos, suspirando: "Ai meu Deus!"

As três gotas de sangue do lencinho, disseram:

– Ah, se tua mãe o soubesse, o coração dela se partiria de dor!

A princesa, porém, não disse nada; voltou humildemente a montar o cavalo e a viagem continuou. Cavalgaram muitas milhas. O dia estava quente e o sol abrasador; a princesa tornou a sentir sede e, ao chegar perto de outro regato, já esquecida da grosseria da aia, pediu-lhe outra vez que lhe fosse buscar um copo de água.

Mas a aia respondeu com desdém:

– Quereis beber? então apeai e ide beber. De hoje em diante proíbo-vos de me considerar vossa criada.

A princesa desmontou do cavalo, debruçou-se junto do regato e bebeu pelas mãos em concha, suspirando: "Ai meu Deus!"

E as três gotas de sangue responderam:

– Ah, se tua mãe o soubesse, o coração dela se partiria de dor!

Estando ela assim debruçada sobre o regato, o lenço caiu dentro da água e foi levado pela correnteza abaixo. Porém, como ela estivesse tão aflita e preocupada, não deu por isso. Mas a aia bem que viu e exultou; pois daí em diante a noiva estava sem seu poder. Tendo perdido aquelas preciosas gotas de sangue, tornara-se sem forças e incapaz de qualquer autoridade. Quando a princesa fez menção de montar o cavalo, a aia antecipou-se a ela, dizendo com altivez:

– Não, não. Falada agora me pertence; tu ficarás com o meu sendeiro.

A pobre princesa teve de submeter-se. A aia ordenou-lhe ainda que despisse os ricos trajes reais e os substituísse pelos seus rústicos vestidos de simples criada, fazendo-a jurar, sob pena de morte, que do ocorrido não contaria nada a ninguém na corte de seu noivo.

Falada, porém, tudo vinha observando com grande atenção.

Depois disso, a aia montou no cavalo Falada e a noiva legítima no velho sendeiro; e assim fizeram o resto da viagem.

Ao chegarem ao castelo real, foram recebidas com grandes manifestações de alegria; o noivo saiu-lhes ao encontro e ajudou a aia a descer do cavalo, certo de que fosse a sua noiva. Acompanhada de luzido cortejo ela foi introduzida no paço, enquanto a verdadeira princesa ficava lá fora no pátio.

Mas o velho rei, pai do noivo, que estava à janela, viu a delicada e mimosa jovem parada no meio do pátio completamente esquecida. Impressionado pela sua graça e beleza, foi perguntar à falsa noiva quem era aquela criatura que trouxera consigo e deixara lá fora.

– Oh, – disse a noiva – é uma pobre moça que apanhei na estrada para me fazer companhia. É bom dar-lhe alguma ocupação para que não fique por aí vagabundando.

O rei não sabia que serviço lhe podia dar; finalmente, depois de pensar um pouco, teve uma ideia.

– Tenho um rapazinho que pastoreia os meus gansos; ela poderia ajudá-lo!

Assim a pobre princesa foi pastorear gansos junto com o rapazinho, que se chamava Conrado.

Alguns dias depois a embusteira disse ao noivo:

– Meu querido noivo, desejo pedir-vos um favor todo especial.

– Sereis atendida com o maior prazer, – respondeu o príncipe.

– Desejo que mandeis cortar a cabeça do cavalo em que vim montada, pois deu-me muitos aborrecimentos pelo caminho.

Na verdade, porém, ela estava com medo de que o cavalo revelasse os maus tratos que dispensara à princesa. As coisas estavam num tal pé que não foi possível ao príncipe deixar de atendê-la e o bom cavalo Falada teve de morrer.

A novidade espalhou-se e, ao ter conhecimento dela, a princesinha desmaiou. Então chamou, em segredo, o magarefe que matara o cavalo e, cautelosamente, prometeu que lhe daria umas moedas de ouro se lhe prestasse um pequeno favor. Havia na cidade um portão com um grande arco de pedra, escuro, sob o qual ela tinha que passar, diariamente, com os gansos. Queria que o homem pregasse a cabeça do cavalo nesse arco a fim de ela ter a consolação de ver ainda algumas vezes o querido corcel.

Na manhã seguinte, muito cedo, a princesa e Conrado, tocando os gansos, passaram sob o arco de pedra e ela exclamou tristemente:

– Ó Falada, que aí estás pregado!

e a cabeça respondeu:

– Ó pequena Rainha que cuidas

dos gansos de teu senhor;

se tua mãe o soubesse,

o coração dela se partiria de dor!

Ela continuou, silenciosamente, o caminho para fora das muralhas da cidade, rumo ao campo onde os gansos iam pastar. Chegando a um belo relvado, a princesa sentou-se e soltou a maravilhosa cabeleira de ouro. Conrado ficou tão deslumbrado com o brilho dos cabelos dela que desejou arrancar alguns. A princesa, então, cantarolou:

– Sopra, sopra forte, amigo vento!
Carrega para além deste prado
o chapeuzinho de Conrado,
e não permitas que ele o alcance
antes de pronto o meu penteado!

No mesmo instante, levantou-se um forte vento que levou para longe o chapeuzinho de Conrado, obrigando o pobre rapazinho a correr-lhe atrás pelo campo afora.

Quando, finalmente, voltou com o chapeuzinho, ela já tinha penteado os cabelos e prendido sob a touca, de modo que ele não conseguiu furtar nem um fio dos cobiçados cachos.

Então Conrado ficou muito zangado e não quis mais falar com ela; assim guardaram os gansos, em silêncio, até ao cair da noite; depois regressaram ao castelo.

Na manhã seguinte, tornando a passar sob o arco de pedra, a princesa suspirou a repetiu as palavras da véspera:

– Ó Falada, que aí estás pregado!

Falada respondeu:

– Ó pequena Rainha, que cuidas
dos gansos de teu senhor;
se tua mãe o soubesse,
o coração dela se partiria de dor!

No campo, ela sentou-se outra vez no relvado e pôs-se a pentear a magnífica cabeleira de ouro. O rapazinho correu para ela no intuito de roubar-lhe um cacho; mas ela, mais que depressa, repetiu o verso:

– Sopra, sopra forte amigo vento!
Carrega para além deste prado
o chapeuzinho de Conrado.
e não permitas que ele o alcance
antes de pronto o meu penteado!

O vento soprou com força e carregou para longe o chapeuzinho de Conrado, que foi obrigado a correr para apanhá-lo. Quando voltou, a princesa já estava penteada e com a touca na cabeça; assim, nem desta vez pôde o rapazinho satisfazer o desejo de arrancar-lhe alguns fios de cabelo. Ficou muito zangado e deixou de falar com ela durante o resto do dia. Mas à noite, assim que chegaram ao castelo, Conrado foi ter com o rei, declarando:

– Não quero mais pastorear os gansos junto com essa moça.

– Por quê? – indagou o velho rei.

– Porque ela me aborrece o tempo todo!

O rei, então, exigiu que ele contasse direito o que se passava.

– Ora, todas as manhãs, – disse Conrado – quando passamos com os gansos sob o arco de pedra, ela fala com a cabeça de cavalo lá pendurada, dizendo:

– ó Falada, que aí estás pregado!

e a cabeça lhe responde:

– Ó pequena Rainha, que cuidas

dos gansos de teu senhor;

se tua mãe o soubesse,

o coração dela se partiria de dor!

Depois contou a história do vento que lhe arrancava o chapéu da cabeça e ele tinha que correr por todo o campo a fim de apanhá-lo.

O rei mandou que fossem, ainda no dia seguinte, levar os gansos ao prado; e, muito cedo, foi postar-se atrás do arco e ouviu a moça que falava à cabeça do cavalo. Depois seguiu-a, ocultamente, até ao prado e se escondeu atrás de uma moita. Com os próprios olhos viu a pastorinha sentar na relva e soltar a maravilhosa cabeleira que cintilava como ouro puro. E viu o rapaz aproximar-se e ela dizer depressa:

– Sopra, sopra forte amigo vento!

Carrega para além deste prado

o chapeuzinho de Conrado,
e não permitas que ele o alcance
antes de pronto o meu penteado!

Mal a pastorinha acabou de dizer o verso uma forte lufada de vento carregou para longe o chapéu de Conrado, que saiu a correr para apanhá-lo. Enquanto isso, a moça penteou tranquilamente os formosos cachos de ouro; e o rei tudo observava com grande atenção.

Sem que fosse notado, o rei voltou para o castelo e, à noite, quando a pastorinha regressou, chamou-a para um canto e perguntou-lhe o que significava tudo aquilo.

– Não posso contar, Majestade, nem posso revelar a ninguém a minha mágoa; jurei à luz do sol nunca dizer nada a ninguém; se quebrar meu juramento, perderei a vida.

O rei insistiu com firmeza, mas não conseguiu arrancar-lhe mais uma só palavra. Então lhe disse:

– Pois bem, já que não queres contar a mim o teu segredo, confia-o ao fogo da lareira.

Dito isto, virou-lhe as costas e foi-se embora.

Ficando sozinha, a moça debruçou-se sobre o fogo chorando e lamentando-se amargamente; desabafou sua grande mágoa, dizendo:

– Eis-me aqui só e abandonada de todos! No entanto, sou uma princesa. Ao passo que uma perversa aia, que me forçou a trocar meus vestidos reais pelos dela, está usurpando meu lugar junto ao príncipe, meu noivo. E eu sou obrigada a pastorear gansos no prado e fazer os trabalhos mais grosseiros. Oh, se minha mãe o soubesse, o coração dela se partiria de dor!

O rei, que fingira afastar-se, estava postado atrás da lareira e ouviu toda a confissão da pobre moça. Voltou para o salão e mandou a pastorinha sair de junto a lareira. Depois deu ordens às camareiras para que a vestissem e ataviassem como convinha a uma verdadeira princesa. Ela ficou tão linda que parecia um sonho.

Chamando o filho, o rei pô-lo ao par de tudo, revelando que ficara com a falsa noiva, uma simples aia, enquanto a verdadeira noiva ia pastorear gansos no prado.

O príncipe ficou deslumbrado ante a beleza e encanto da moça; mandou logo preparar um suntuoso banquete para festejar o encontro e convidar todos os amigos e parentes. O noivo sentou-se à cabeceira da mesa, tendo a princesa de um lado e a aia do outro; esta última estava tão deslumbrada com a magnificência da princesa que não a reconheceu naqueles trajes fulgurantes.

Quando terminaram de comer e beber e os convivas estavam no auge da animação, o velho rei contou à aia, com grande habilidade, uma história bem semelhante à dela e perguntou:

– Que castigo achas que merece uma pessoa que assim trai o seu amo?

A falsa noiva, sem desconfiar de nada, respondeu:

– Acho que uma pessoa assim deveria ser desnudada e colocada dentro de um barril todo forrado de pontas de pregos, ao qual deveriam atrelar dois fogosos cavalos que o arrastassem pelas ruas da cidade até ela morrer.

– Essa criada perversa és tu, – disse o rei – e acabas de proferir a tua própria condenação; assim será feito.

A sentença foi logo cumprida. Depois, o príncipe se casou com a verdadeira princesa e ambos reinaram durante longos anos na mais completa felicidade (Grimm & Grimm, s./d.).

No início, o conto menciona uma rainha velha, cujo marido morreu há muito tempo e cuja linda filha foi prometida ao filho do rei "de um reino distante". E agora chegou a hora de viajar até ele. Isso surpreende: um verdadeiro príncipe buscaria sua princesa, ou não? Aqui, a princesa deve percorrer o caminho sozinha, é um caminho de desenvolvimento, há coisas a serem aprendidas antes de seu casamento com o príncipe. Evidentemente, ela não pode simplesmente passar das mãos da mãe para as mãos do príncipe. Ela deve se emancipar da mãe, mas também de um complexo materno positivo. Quando alguém tem um complexo materno originalmente positivo (cf. Kast, 2005b), ele acredita ser uma pessoa boa num mundo bom. – Ele não conta com a sombra, ele está praticamente cego para a sombra. Quando, mesmo assim, a sombra se manifesta, isso é uma grande decepção, um afronto à autoimagem e à imagem do mundo que ele construiu. Quando alguém tem um complexo materno positivo, ele espera que os outros sejam bons, tão bons quanto a mãe. Essa pessoa não sabe onde a sombra poderia estar em si mesma – pois suas intenções são sempre boas – e se recusa a vê-la nos outros enquanto isso for possível. Um complexo materno positivo a deixa um pouco ingênua. Ela é uma pessoa que confia e que é confiante.

Podemos deduzir que essa princesa deve se desligar de um complexo materno originalmente positivo do fato de que ela está perfeitamente equipada, ela recebe tudo que precisa – e um pouquinho mais – também a bênção materna. Além de tudo isso, uma aia a acompanha – o que parece ser algo positivo, pelo menos à primeira vista, pois ela não está sozinha. E seu cavalo é Falada, seu cavalo especial, que fala e a conecta com sua origem.

Segundo Bruno Schliephacke, Falada, cujo nome significa "Consagrado ao antigo deus da luz", está vinculado ao deus Wotan (cf. Schliephacke, 1974). Wotan é o deus do vento, da tempestade, da sabedoria. Esse cavalo, que simboliza primeiramente a corporalidade, a vitalidade, aquilo que sustenta na vida, tem, portanto, também um aspecto dinâmico de espírito e, provavelmente, remete a algo amoroso e paternal.

Além disso, a princesa recebe o lenço com as três gotas de sangue, o vínculo de sangue, a conexão anímica e o vínculo simbólico com a mãe. Evidentemente, esta sabe que a filha precisará desse vínculo. A proteção que ela oferecer à filha é uma proteção poderosa.

Tudo parece estar perfeito – a princípio. Até a filha da rainha ficar com sede. Podemos entender essa sede como uma sede comum, mas podemos interpretá-la também simbolicamente como sede de vida. Pois se a mãe cuidou tão bem dela e a protegeu, ela também deve tê-la protegido e afastado da vida. E então – assim que ela se encontra num espaço que não é marcado pela mãe protetora – essa sede de vida se manifesta. E é justamente aqui que a aia entra no jogo: a irmã-sombra, que, mais tarde, se revelará como "noiva falsa" – ou seja, uma figura do mundo da sombra.

No entanto, a aia não se comporta conforme seu papel: ela não serve, ela dá ordens: que a própria filha se agache e pegue a água! Se contemplarmos o fato de que talvez ela nunca tenha feito isso antes em toda a sua vida, certamente chegou a hora de aprender. Mas a sensação agora é outra: ela não espera de cabeça erguida até que a bebida lhe é entregue, agora ela mesma deve se curvar e pegar a água. Ela obedece, reclama um pouco, mas não o suficiente para mudar a situação: definitivamente lhe faltam certos traços da aia. A filha da rainha poderia ter repreendido a aia e até demitido sua serva – mas a filha mostra que suas agressões estão inibidas – e que ela é um pouco regressiva: "Se minha mãe o soubesse..."

Dentro de pouco tempo, ela se transforma em vítima da aia, que, em seguida, se torna cada vez mais ousada. Passo a passo ocorre uma identificação com a sombra: a aia, que simboliza a sombra, passa a ter um poder cada vez maior; a protagonista – como símbolo do eu da personalidade – perde seu poder e, em consequência disso, também o lenço com as gotas de sangue, seu vínculo com a mãe. Temos aqui uma situação clássica de separação da mãe boa: na adolescência ocorre a separação dos pais pela via dos aspectos da sombra. Isso significa, os jovens começam a viver aquilo que os pais tinham excluído como sombra, aquilo que era rejeitado em casa. Assim, eles se colocam em oposição aos pais. Em vez de – como costuma acontecer – criticar os filhos, os pais poderiam ver nos jovens o que havia sido reprimido em seu sistema familiar. – Mas para que isso pudesse acontecer, os pais teriam que ter desenvolvido uma aceitação considerável da sombra.

É provável que a mãe tenha designado a aia como acompanhante de sua filha com as melhores das intenções, mas a aia apresenta traços sombrios; à primeira vista, ela não parece oferecer muita ajuda. A filha passa então a se identificar cada vez mais com essa sombra reprimida. No início, temos a impressão de que ela se assusta com a maldade da aia. O conto a chama de "humilde"; no entanto, pode-se ser humilde demais. Pois é justamente essa humildade que faz com que as roupas, os cavalos e os destinos sejam trocados. E isso vai longe demais. Agora, todos os leitores percebem: a identificação com a sombra pode ter um desfecho fatídico: a pessoa corre o perigo de voltar a viver apenas um lado e não a vida plena que consiste em aspectos claros e escuros.

Onde ocorre essa identificação com a sombra no conto de fadas? No momento em que a filha da rainha alcança o campo aberto, onde as leis da corte não se aplicam mais, ela fica com medo e passa a adotar uma postura que pertence à aia: uma postura de imposição, de dominação. De repente, ela assume uma autonomia não saudável, trata-se de uma independência forçada. Pessoas que, no fundo, são medrosas podem ficar obcecadas pelo poder como forma de compensação e se impor sem restrições. O conto de fadas expressa isso na imagem da filha da rainha que agora veste as roupas da aia, mesmo sabendo que, na verdade, ela é diferente.

O suspiro "Se minha mãe o soubesse" também pode ser interpretado assim: ela se lembra de que ela é a filha da mãe boa, ela preserva um vínculo com um aspecto da sua personalidade que não pertence à sombra. Ela não permite que a sombra a domine totalmente.

A céu aberto, ela é obrigada a jurar que não revelará a troca a ninguém. O fato de ela jurar isso significa também que ela sabe que, aos outros, ela parece ser a aia, mas que ela sabe também que isso não é verdade.

Na corte distante, a aia deverá ser a noiva; e a filha da rainha deverá ser a pastora de gansos. A troca é mantida, mas agora as duas entram em contato com pessoas: o rei vê a filha da rainha em seu estado não tomado pela sombra, ele não vê as roupas, mas a figura: fina, delicada e bela – ele não vê a *persona* sombreada, mas a pessoa por trás dela. As pessoas com as quais convivemos podem nos lançar na sombra, mas elas também podem nos ver em um aspecto não sombreado, especialmente quando estamos travando uma luta intensa com os aspectos da sombra. Elas conseguem identificar os aspectos não sombreados e devolvê-los, mostrar-nos que não somos apenas sombra, que não somos totalmente depravados e inaceitáveis. E muitas vezes, são as experiências relacionais que nos permitem encontrar os nossos aspectos mais claros.

O velho rei ordena que a filha da rainha ajude Conrado a pastorear os gansos: inicia-se um processo de desenvolvimento que, à primeira vista, nada tem a ver com o desligamento dessa identificação com a sombra. Mas o processamento da sombra pode ocorrer também por desvios, e isso é muito importante. No campo com os gansos e Conrado surge uma atmosfera erótico-jocosa. A filha da rainha seduz Conrado com seus cabelos soltos e dourados e então o manda embora. De passagem, o conto nos informa de que ela é capaz de dominar o vento e que Conrado se irrita quando a filha da rainha fala com a cabeça de Falada, que a noiva falsa mandou matar: o vínculo com sua vida anterior ainda existe. Falada não oferece dicas úteis, como os cavalos em outros contos de fada costumam fazer – basta que ele esteja presente e que ambos percebam empaticamente que a situação está muito difícil.

A brincadeira com Conrado chama a atenção do velho rei, que adota uma postura extraordinariamente paternal em relação a ela. Aqui ocorre um amadurecimento posterior: de um lado, a filha do rei ainda experimenta um pouco de carinho paterno, de outro, ela aprende a lidar eroticamente com um garoto de forma jocosa. Podemos interpretar Conrado como um aspecto jovem do *animus* que ainda está vinculado ao *animus* paterno dela.

O rei sente que ela é oprimida e oferece uma solução. Ela poderia contar à lareira aquilo que ela não pode contar a ninguém. Ele trata o sofrimento dela com empatia e, sob a proteção do maior acolhimento, ela fala sobre sua identidade verdadeira: sobre seu abandono, sobre o fato de ser a filha de uma rainha, de se encontrar sob o poder de uma aia, que vestiu suas roupas reais e tomou seu lugar ao lado do noivo. E ela termina dizendo: "Se minha mãe o soubesse". Ela descreve sua situação sem esconder nada: seu projeto de vida está destruído, ela está abandonada, está no lugar errado – e mesmo assim permanece a esperança: se a mãe o soubesse, ela a salvaria. No entanto, primeiro ela é salva pelo rei. As roupas reais são devolvidas para ela, ela é percebida e reconhecida em sua postura de *persona* brilhante. Mas a aia deve julgar a si mesma, e seu julgamento acaba resultando em sua própria eliminação.

No que diz respeito à aceitação da sombra, essa é uma conclusão problemática, mesmo que seja típica para um conto de fadas. A filha da rainha parece ter vivido aspectos suficientes da aia, esta prestou seus serviços e pode sair de cena. A ideia de que esta como postura tenha desaparecido para sempre parece ser excessivamente otimista.

O que podemos aprender com esse conto de fadas?

Cada sistema familiar tem uma sombra. Isso vale especialmente para sistemas de família cunhados por um complexo paterno ou materno originalmente positivo. Por ocasião do desligamento dos pais e dos complexos paterno e materno, esses aspectos reprimidos da sombra são ativados; muitas vezes, eles são vividos e experimentados, e o filho, a filha, deve se confrontar com eles.

Muito provavelmente, a rainha acreditava que a filha estava preparada para a vida, que ela era capaz de cuidar bem de si mesma com seu lado de aia. O que a rainha não viu foi a fome de poder desse aspecto de aia. Assim que as regras dos pais deixam de valer, esse aspecto da sombra se torna ativo. No conto de fadas, porém, nunca ocorre uma identificação completa com a aia. A filha da rainha nunca se esquece de seus outros aspectos totalmente diferentes, mas ela é obrigada a se comportar como a aia. – Esse é um espaço de decisão que muitos jovens possuem: a possibilidade de escolher entre adaptação aos pais e aos professores e o papel como antissocial.

No conto da pastora de gansos – e é por isso que, apesar de tudo, eu falo de uma identificação com a sombra – existe uma coerção de assumir o papel da aia. E é aqui que está o perigo: a filha não tem escolha, ela vive sua sombra apesar de saber que ela não é só sombra. Isso me lembra de pessoas que se veem obrigadas a se comportarem de modo autodestrutivo e destrutivo, mesmo sabendo que elas têm um outro lado. A libertação dessa situação não ocorre por meio de um confronto ativo com o aspecto aia, mas por meio do desenvolvimento, em nosso conto de fadas, por meio do desenvolvimento de aspectos masculinos.

A filha da rainha sempre foi empática com seu sofrimento diante da situação que lhe foi imposta, mas isso não bastou: primeiro ela teve que vivenciar uma empatia vinda de fora. O aspecto relacional é muito importante no contexto da dissolução da identificação com a sombra: é importante ter uma pessoa que não só vê a sombra, mas também reconhece o quanto tal identificação com a sombra fere e magoa, o sofrimento que ela causa. A visão de uma outra pessoa dos aspectos não sombreados, dos aspectos claros, e sua empatia validam o nosso próprio olhar, e então podemos nos transformar. Mas tudo isso deve ocorrer no momento correto, quando o passo de desenvolvimento necessário foi feito.

No conto de fadas, a aia é identificada como noiva falsa; a filha da rainha como noiva verdadeira, e isso nos remete também ao tema do si-mesmo falso e do si-mesmo verdadeiro. O conto de fadas diagnostica a identificação com o aspecto aia como "si-mesmo falso". Esse aspecto – a aia – deve ser eliminado, e então resta apenas o "si-mesmo verdadeiro".

Na vida real, as coisas não são tão simples assim. Mas existem sonhos que apontam para esse problema, por exemplo, quando, no sonho, o parceiro está com outra pessoa e talvez até se case com ela. Trata-se de sonhos que costumam nos assustar e despertam a suspeita de que o parceiro esteja nos traindo. No entanto, seria mais correto perguntar se não estaríamos vivendo muitos aspectos da sombra no relacionamento e se essa pessoa desconhecida poderia ser um lado estranho de nós mesmos que convive no relacionamento como um aspecto da sombra e talvez até ocupe o centro do relacionamento.

Quando nos identificamos com a sombra, nós nos comportamos de modo muito diferente do que quando a sombra não nos domina tanto, e é praticamente inevitável que isso cause problemas no relacionamento. Na maioria das vezes, trata-se de aspectos da sombra que podem muito bem ser processados: no sonho, o parceiro aparece com uma mulher extremamente "feminina e submissa". Vale a pena perguntar-se se, recentemente, você como sonhadora se tornou excessivamente feminina e submissa ou, ao contrário, excessivamente dominadora e crítica...

Por meio do desenvolvimento à aceitação de uma sombra complementar

Chamo de "sombra complementar" uma sombra que nos completa. No conto de fadas da pastora de gansos e na descida de Inana para o submundo, o tema é a aceitação da sombra complementar que se torna possível por meio do desenvolvimento.

Um exemplo do dia a dia

Erwin, um homem de 48 anos de idade, está em tratamento terapêutico por causa de uma grave depressão. Ele tem um colega chamado Theobald que insiste em ser chamado de Theobald e não de Theo. Theobald tem um sobrenome muito exótico que, por motivos de discrição, não posso mencionar aqui. Quando Theobald aparece nos sonhos de Erwin, sempre acontece alguma catástrofe:

> Theobald bate à porta, eu estou colocando uma gravata e ainda não terminei de me vestir. Não consigo fazer o nó da gravata. Sei que devo abrir a porta, mas não consigo fazer isso antes de me pentear...

O sonhador nunca consegue chegar até a porta, o sonho sempre continua da mesma forma torturante: Theobald está à porta e não consegue entrar, o sonhador quer abrir, mas não consegue. Theobald bate à porta, deseja entrar, deseja entrar no apartamento do sonhador, quer se aproximar dele, quer tornar-se parte de seu sistema. Aquilo ou aquele que está batendo à porta deseja ser visto e aceito. Erwin quer abrir a porta, mas ele sempre se depara com algum obstáculo: ele sempre quer se vestir melhor, tornar-se ainda mais perfeito, aprontar-se corretamente antes de permitir a entrada desse aspecto da personalidade representado por Theobald. Erwin só conseguiria encarar a "sombra Theobald" com uma *persona* perfeita.

Qual é a ligação entre Erwin e Theobald? Tanto Erwin como Theobald trabalham na equipe de liderança da mesma empresa. Aos olhos de Erwin, Theobald é extremamente emocional, é um "chorão". "Ele é sempre sentimental e grita conosco quando consideramos o lucro mais importante do que a humanidade. E ele não está brincando. Graças a Deus, nós, os outros, os 'sóbrios', conseguimos compensar isso". Theobald e suas opiniões irritam Erwin no dia a dia, ele evita o contato com ele da melhor forma possível. Mas Theobald é um tema dominante na vida de Erwin. E isso se evidencia no fato de que Theobald aparece na metade dos sonhos que Erwin conta nas sessões de terapia.

No nível objetivo, conseguimos falar tranquilamente sobre esses sonhos, Erwin os aproveitou para descrever-me sua irritação confirmada pelos sonhos. Quando permitimos que uma figura interior permaneça no nível de objeto, ou seja, na projeção, isso faz com que o sonhador fale de forma muito mais aberta e emocional sobre essa pessoa sem perceber que, na verdade, ele está falando sobre si mesmo. Nem passou pela cabeça de Erwin que ele poderia ter uma "sombra Theobald".

Outro sonho de Erwin:

> Minha filha está pendurada num rochedo, eu grito instruções em sua direção, ela se irrita e se comporta de forma cada vez mais desajeitada. Um homem numa blusa rosada desce até ela, conversa com ela. Os dois me comunicam através de gestos que tudo está bem. De alguma forma, a filha consegue encontrar o caminho dela.

Erwin me conta que o homem era Theobald, nenhum outro homem vestiria uma blusa rosada. A sensação que o sonho gera em Erwin é ambíguo: Erwin sente um alívio quando sua filha recebe ajuda, mas ele não gosta do fato de essa ajuda ter vindo de Theobald, que sempre aparece onde ele pode se exibir. Ele também sempre se apresenta como o melhor dos pais. Na opinião de Erwin, o sonho espelha a forma como ele lida com sua filha: "Eu sempre digo a ela como ela deve fazer as coisas. Mas isso só a deixa cada vez mais confusa, fica como que paralisada e não entende mais nada. Ela faz isso de propósito, para me castigar. Minha filha não permite que eu seja bem-sucedido. Minhas instruções são sempre ótimas, ninguém pode duvidar disso, mas ela não consegue ou não quer segui-las. E então aparece esse Theobald, a acalma – e tudo volta a funcionar".

Theobald não é apenas uma voz complementar importante na firma em relação às práticas comerciais, ele também seria um exemplo para um pai de como conviver melhor e de forma mais sensível com a filha. Mas Erwin não deduz isso, ele acredita que precisa desses sonhos para aliviar sua psique para que ele não ataque Theobald fisicamente. Como acontece muitas vezes no convívio com a sombra, as particularidades do portador da sombra são desvalorizadas e a própria posição é idealizada. Muitas vezes, porém, o aspecto projetado da sombra tem uma qualidade muito positiva. Theobald é a pessoa das emoções, uma pessoa que consegue colocar-se na situação do outro, é uma pessoa empática – e esse aspecto compensaria maravilhosamente o caráter exigente de Erwin. Na continuação da terapia, o confronto com Theobald passa para o segundo plano, ele deixa de aparecer nos sonhos e parece irritar Erwin menos também no dia a dia. Inicia-se um desenvolvimento da *anima*.

Na teoria junguiana, *anima* e *animus* (cf. Kast, 1998a, p. 64-79) são compreendidos como arquétipos que regulam os relacionamentos: o relacionamento entre o eu e o tu, entre mundo interior e mundo exterior, entre consciente e inconsciente. São figuras arquetípicas que, entre outras coisas, provocam o desligamento do eu dos complexos paterno e materno e assim conduzem em direção ao centro, ao si-mesmo. Reconhecemos constelações de *anima* e *animus* quando, no sonho, se manifesta um fascínio ou também uma grande angústia (ou ambos) em conexão com uma mulher ou um homem misterioso. Já apontei para isso no capítulo sobre a sombra como o estranho.

Erwin sonhava com figuras femininas misteriosas e estranhas, vagas e sem um perfil claro, e isso era favorável, pois o impedia de identificar e classificar essas figuras de imediato. Esses sonhos despertavam nele um grande anseio sem um objetivo claro, fantasias e devaneios. Repetidas vezes, ele sentia uma atração por mulheres concretas, mas sempre achava que elas não correspondiam a essa figura interior. Quando se constela esse tipo de figura de *anima*, estabelece-se uma situação de grande vitalidade psíquica, que encoraja o desenvolvimento.

Para Erwin, esses sentimentos irracionais eram fascinantes, mas também o importunavam e assustavam. Ele se queixava de ter se tornado muito sentimental, pouco produtivo, de passar muito tempo sonhando acordado e temia tornar-se igual a Theobald. Mas ele também estava menos depressivo. Erwin precisava de períodos em que podia se entregar aos seus humores e constatou — e o expressou apenas muito mais tarde — que ele tinha um "lado sentimental", que ele apreciava muito, mas que nunca mostrava aos outros. Esse lado sentimental se expressava quando ele procurava músicas sentimentais e as cantava, no caso ou quando sua família não estava em casa. Ninguém podia saber dessa sua "queda" por músicas sentimentais.

E então ele participou de um evento para os funcionários da firma: a noite já tinha avançado bastante quando Theobald e Erwin cantaram juntos algumas dessas músicas sentimentais, para a grande surpresa dos funcionários. Ninguém se surpreendeu com o fato de Theobald cantar essas músicas, mas ninguém esperava que Erwin soubesse cantá-las. No fim da noite, Theobald lhe disse que tinha desenvolvido uma simpatia por Erwin. Até então, ele tivera medo dele, pois sempre acreditara que Erwin o rejeitava. E Erwin confessou que ele também costumava ter muito medo de Theobald, mas que agora acreditava que ambos podiam aprender um com o outro.

A rejeição havia sido substituída por uma aproximação cautelosa. Erwin disse: "Um pouco de Theobald em minha vida, isso eu consigo integrar em minha autoimagem, mas um excesso de Theobald seria um perigo". Erwin ainda acreditava que um homem de verdade era "duro feito aço industrial", apesar de ser uma pessoa um tanto sensível. Evidentemente, esse tipo de autoimagem não pode ser sacrificado de um dia para o outro: ele permitiria "um pouco de Theobald". Isso se expressava, por exemplo, em sua tentativa de se aproximar dela "ao modo Theobald", ou seja, não gritando instruções, mas perguntando por que ela estava com medo. Assim ele conseguiu mudar sua autoimagem aos poucos. A sombra, personificada em Theobald, e uma figura de *anima* fascinante faziam parte de um mesmo contexto emocional. No início, Erwin não conseguia aceitar a sombra, mas a *anima*, sim. Por meio das emoções vinculadas a essa figura de *anima* vivenciada como positiva e que Erwin percebia como algo genuinamente dele, ele conseguiu depois explorar um âmbito de vida no qual a "sombra Theobald" não o assustava mais tanto.

No conto de fadas da pastora de gansos, o confronto com a sombra ocorre pela via do desenvolvimento de aspectos do *animus* (Conrado e o rei). Ou seja, no confronto com a sombra, nem sempre devemos buscar uma transformação completa como no mito de Inana, mas seguir uma aparente trilha secundária que possibilita um desenvolvimento; isso nos permite suportar a sombra com maior facilidade. Em termos psicodinâmicos, podemos explicar isso desta forma: o desenvolvimento de aspectos da *anima* ou do *animus* nos permite melhorar a coerência do eu, a sensação de identidade e, portanto, a autoestima. Isso nos dá as forças necessárias para confrontar a sombra.

A luta com a sombra: Gilgamesh e Enquidu

O mito de Gilgamesh e Enquidu se passa no reino sumério, mais ou menos dois mil anos antes de Cristo. Gilgamesh era rei – historicamente comprovado – de Uruk, sucessor de Dumuzi. No entanto, ele se tornou figura da mitologia suméria e é considerado um rei mítico. A tradição relata que ele era dois terços divino e um terço humano. Na narrativa mitológica, isso se expressa nas seguintes características: ele tinha 4,40 metros de altura e nascera de uma virgem. Sua mãe era uma intérprete talentosa de sonhos. Quando Gilgamesh tinha um sonho, ela o interpretava para ele!

Gilgamesh é um tirano. Ele escraviza os homens e as mulheres da cidade. Os homens são obrigados a trabalhar para ele, as mulheres são forçadas a trazer-lhe comida durante o dia e a satisfazer suas necessidades sexuais à noite – ele parece insaciável. Gilgamesh é um monstro, e os deuses não estão dispostos a tolerar isso por mais tempo. Eles decidem destruí-lo. O deus Anu instrui a deusa Aruru a criar um adversário para matar Gilgamesh. É claro que Gilgamesh não deve ser informado sobre isso, no entanto, ele tem dois sonhos, que ele conta à sua mãe (Sin-leqi-unninni, 1997, p. 23s.):

> "Mãe, tive um sonho esta noite.
>
> Eu estava cheio de alegria, os jovens heróis estavam ao redor de mim
>
> e eu caminhava pela noite sob as estrelas do firmamento –
>
> e uma delas, um meteoro da substância de Anu, caiu do céu.
>
> Eu tentei levantá-lo, mas se mostrou pesado demais.

Todo o povo de Uruk se juntou ao redor para vê-lo.

As pessoas comuns se acotovelavam e os nobres se atropelavam para beijar seus pés.

E para mim sua atração era como o amor de mulher.

Ajudaram-me, eu cingi minha frente e o ergui com correias e o trouxe para ti."

A mãe interpreta o sonho desta maneira:

"Talvez, Gilgamesh, tenha nascido no páramo um outro igual a ti.

O páramo fê-lo crescer –

Quando o vires, tu te alegrarás;

Os homens lhe beijam os pés!

Tu o abraçarás e o trarás até mim!

É o forte Enquidu,

um companheiro que socorre o amigo!

Ele é o mais forte na terra, possui força,

sua força é tão poderosa quanto a fortaleza de Anu,

como que sobre uma mulher tu sussurraste sobre ele,

... ele, porém, sempre te salvará."

E então ele tem um segundo sonho: na rua está um machado, o povo se reúne em torno dele. Esse machado tem uma aparência assustadora. Gilgamesh comenta:

"Eu o vi e fiquei feliz.

Curvei-me, profundamente atraído por ele;

> eu o amei como a uma mulher
>
> e o passei a levá-lo em meu flanco."

E a sábia mãe de Gilgamesh responde:

> "O machado que viste é um homem!
>
> Tu o amaste, como sobre uma mulher sussurrarás sobre ele,
>
> e eu o equivalerei a ti.
>
> Ele te procurará,
>
> O companheiro, que socorre o amigo [...]"

E Gilgamesh responde:

> "Que a mando do grande conselheiro Enlil se cumpra:
>
> Quero ganhar um amigo, um conselheiro.
>
> Um amigo e conselheiro quero ganhar!
>
> Tu interpretas para mim os sonhos dele!"

A mãe de Gilgamesh conhece o futuro dele e, por isso, ela vê nos sonhos dele algo que nós não conseguimos ver. Enquidu – seu nome significa: "um homem da terra boa" – foi criado pela deusa Aruru segundo as instruções do deus do céu Anu. Ele é um homem-animal, criado no páramo, ele bebeu o leite dos animais, seus cabelos nunca foram cortados, ele é cria do silêncio e da terra. No entanto, ele é menor do que Gilgamesh, mas é mais largo e quase tão forte quanto ele. Os cidadãos de Uruk, que estão sofrendo sob a tirania de Gilgamesh, ouviram falar de Enquidu, ouviram que existe um homem quase tão forte quanto Gilgamesh. Com muitas artimanhas, tentam trazê-lo para Uruk. Primeiro enviam uma mulher até ele que o introduz à sexualidade, e ele se deleita com ela por sete dias e sete noites. Depois tentam atraí-lo com álcool e, em algum momento, conseguem convencê-lo, e ele vem para Uruk. Gilgamesh e Enquidu lutam um com o outro, e sua luta é tão violenta que as colunas do templo quase ruem. Quem conseguirá matar o outro primeiro? De repente, Gilgamesh diz: "Eu sonhei contigo". E Enquidu responde: "Eu sei". O mito conta que, naquele momento, o vento da primavera levou consigo a inimizade entre eles. Primeiro eles reconhecem mutuamente a força incrível do outro – um aspecto importante. Depois, porém, a luta continua verbalmente. Enquidu critica Gilgamesh por alegar estar protegendo a cidade de inimigos externos, mas destruí-la por dentro. E Gilgamesh nega a Enquidu o direito de ter uma opinião própria, visto que, até poucos dias atrás, ele ainda teria bebido o leite de animais selvagens. Enquidu chama Gilgamesh de arrogante e alega ter aprendido dos animais selvagens verdades que Gilgamesh ainda tem que encontrar. – E então os dois se perguntam juntos se ainda devem matar um ao outro. Gilgamesh: "Eu preferiria ser teu irmão e companheiro". Eles se beijam, tocam as mãos um do outro, se olham por muito tempo, se abraçam, riem e choram de alegria.

Juntos partem em busca de aventuras, e isso não alegra os deuses e as deusas. Eles matam o gigante que protege a floresta de cedros, então arrancam o grande cedro, uma ofensa contra Inana. Como punição, ela envia o touro celestial, que é abatido pelos dois. Os deuses e as deusas não querem tolerar outras atrocidades e matam Enquidu. Diante da morte de Enquidu, Gilgamesh cai em um luto profundo. Segue então no mito a primeira descrição de um processo de luto. Já que Enquidu o confrontou com a experiência da morte, Gilgamesh parte em busca da erva da imortalidade. Ele a encontra após uma longa e exaustiva busca com grandes sacrifícios e, durante sua volta, repousa junto a um poço. E enquanto ele descansa, uma serpente lhe rouba a erva. Por isso a serpente é imortal, mas não o ser humano. Uma deusa consola Gilgamesh e o aconselha a, em vista da mortalidade, aproveitar mais a vida.

Temos aqui uma aceitação da sombra que se desenvolveu pela via da luta. O anúncio do confronto com a sombra ocorre inicialmente por meio do sonho, como acontece frequentemente ainda hoje. Então aparece uma pessoa que representa essa sombra. Gilgamesh despreza Enquidu como homem-animal, como primitivo, como alguém muito inferior a ele mesmo. E nós, ainda hoje, também costumamos desprezar aspectos que temos em comum com os animais, como, por exemplo, as pulsões, e os relegamos à sombra.

Os dois lutam – e então Gilgamesh se lembra do sonho e talvez também de seu desejo de ter um amigo forte, um conselheiro forte. Os dois aceitam a força do outro e a confirmam mutuamente, eles se respeitam em sua força e, depois do confronto verbal, eles se tornam amigos. Depois de lutarem um com o outro, eles deixam de ser sombras um do outro. Aquele que, no início, se apresenta como portador da sombra se transforma, depois de lutarmos com ele e lhe atestarmos o direito de existir, frequentemente num companheiro em que podemos confiar.

Essa cena lembra a fraternidade de sangue no conto de fadas – a sororidade de sangue ainda precisaria ser inventada. A ideia da fraternidade de sangue é ajudar o irmão de sangue como se nossa própria vida estivesse em jogo. Devemos colocar em risco nossa própria vida pela vida e pela vida bem-sucedida do outro. Aqui, a vida é considerada bem-sucedida quando tentamos levar outra pessoa a viver sua vida da melhor forma possível. Já que a fraternidade de sangue repousa em reciprocidade, ambos podem confiar que o outro fará o mesmo por nós. Disso resulta uma grande força para superar a vida. Esse alto ideal relacional da fraternidade de sangue parece estar por trás da amizade entre Gilgamesh e Enquidu.

Juntos, Gilgamesh e Enquidu desenvolvem uma energia incrível, uma grande vitalidade, coragem e competência, mas que eles não usam para a alegria dos deuses e deusas. Mas também nesse mito, o encontro com a sombra leva ao encontro com a morte e a mortalidade. A morte, o não estar vivo, é a sombra da vivacidade e vitalidade. A deusa que aconselha Gilgamesh a aproveitar ainda mais a vida em vista da inevitabilidade da morte encontrou a solução certa: a vitalidade não deve ser encoberta pela "sombra da morte", não se trata de imortalidade, mas de viver a vida, principalmente em vista da morte.

Luta com a sombra – amizade de conflito

Quem luta com a sombra não se sente sombreado. Da luta com uma pessoa sobre a qual projetamos a sombra do *alter ego* pode resultar também em pessoas não míticas em amizades de conflito.

Um exemplo do dia a dia

Beate, uma mulher de 26 anos de idade, trabalha numa empresa que emprega principalmente homens. Só existe uma única outra mulher que ocupa uma posição igual à dela. E é justamente essa mulher, de cuja ajuda ela precisaria, é uma pessoa impossível: ela não cuida dos cabelos, veste roupas feias, é teimosa e atrevida, exigente e arrogante – simplesmente desagradável. É uma pessoa que atropela tudo. O tempo todo, as duas brigam: "Ela diz que eu compito com ela, isso é besteira, é claro. Eu não, é ela que compete comigo, ela competiria com qualquer poste de luz. Ela é simplesmente insuportável".

Beate sonha com essa colega, mas rejeita a interpretação no nível de sujeito, que ela conhece bem, mas se recusa a aceitar para esses sonhos: os sonhos não tratam de um lado intrapsíquico dela, que poderia corresponder a essa colega em determinados aspectos, os sonhos tratam dessa colega no sentido concreto. Os sonhos confirmam a impressão negativa que ela tem da colega. A interpretação no nível de sujeito é suspensa por Beate, porque seria difícil demais admitir que ela tem alguns traços dessa colega.

Então, essa colega deixa de aparecer por algum tempo: ela não é mencionada nem nas descrições do dia a dia nem nos sonhos. Uns seis meses depois, Beate me mostra uma folha de papel com sugestões para melhorar o clima de trabalho em sua empresa que ela apresentou à direção da empresa. A folha traz duas assinaturas: a dela e a da "colega terrível". Eu me mostro surpresa, e Beate comenta: "Acho que ela é a única que tem ideias e coragem, e ela também acha que eu seja a única que tem ideias e coragem".

A reconciliação entre as duas irmãs-sombra começa também aqui, quando as duas reconhecem a força da outra e passam a se respeitar mutuamente. Em seguida, as duas passam muito tempo juntas fora do trabalho, apesar de ser uma relação muito difícil – ou talvez justamente por isso. Elas brigam muito, explica Beate, uma fica criticando a outra, ela acusa a colega de ser hipócrita e "puxa-saco", apesar de, no fundo, ser uma rebelde, ela a critica por querer dominar a qualquer custo, mas sem assumir isso. Mas ela consegue aceitar isso e constatar: elas têm ideias que elas querem realizar juntas, e por isso uma apoia a outra. Talvez, porém, as duas sentem também que, no convívio com a outra, cada uma pode processar a sua sombra pessoal.

Elas não se abraçam simplesmente e se amam como Gilgamesh e Enquidu, elas continuam lutando uma com a outra, aprendendo uma com a outra. Assim, Beate aprende que, para ela, o seu gosto em relação à moda é o único válido, caso contrário não se veria obrigada a criticar as roupas de sua colega o tempo todo. Quando deixamos de acreditar que somos o centro do universo, nós não desqualificaremos a outra pessoa como um indivíduo sem gosto, mas constataremos que essa pessoa simplesmente tem um gosto diferente, um gosto que nos é estranho. Agora, Beate começa a se irritar com isso: ela percebe que, em muitas coisas, ela acredita ser o centro do universo e que ela rejeita como sombra e desqualifica e menospreza aquilo que os outros fazem. Ela percebe que ela não consegue simplesmente aceitar opiniões diferentes, mas que precisa menosprezá-las. Ela descobre um comportamento de sombra em si mesma e ela se irrita por não conseguir dar um basta nisso.

Mas ela também se torna mais ciente de sua sombra graças às acusações da colega, que, agora, ela não rejeita mais de imediato e primeiro tenta avaliar sua legitimidade. A colega a acusa, por exemplo, de reagir de modo especialmente calmo quando, na verdade, ela está muito irritada. Até agora, Beate sempre viu isso como um ponto forte dela: ela sabe que está furiosa, mas acha que é melhor não mostrar essa raiva na companhia de homens. Então ela inverte aquilo que sente e transforma seu sentimento em mansidão – o que irrita sua colega ao extremo.

Beate sabe que, mesmo assim, os outros se distanciam dela, mesmo quando ela é mansa. E sua colega consegue conscientizá-la de que seu comportamento é extremamente irritante porque todos conseguem perceber a sua raiva, mas sem receber sinais claros dela. Elas chegam à conclusão de que ambas tendem a "atropelar" os outros, uma de forma mais direta, a outra de forma mais disfarçada – escondida por trás de uma *persona* mansa, que, em sua mansidão, chega a ser agressiva.

Os constantes conflitos com essa colega permitiram que Beate conseguisse encarar um conflito de maneira mais saudável: esse relacionamento se apoia no fundamento do respeito mútuo, da capacidade de unir forças para realizar algumas ideias, mas também na consciência de não quererem um relacionamento muito próximo por serem "incompatíveis". Num relacionamento desse tipo que permite uma proximidade maior do que ambas estejam dispostas a admitir, torna-se mais fácil encarar um conflito de forma mais direta. E esses conflitos lhes permitiram perceber melhor a sua sombra e fortalecer sua autoestima.

Beate projetou muitos aspectos da sombra sobre sua colega, e esta parece ter feito o mesmo. Iniciou-se assim uma luta implacável com a portadora da sombra, vivenciada primeiro como irritação e rejeição. Seguiram-se acusações e a exigência de mudanças e, finalmente, a aceitação do fato de que cada pessoa pode ser quem ela é e a percepção de que esses lados irritantes no outro podem ser também aspectos da própria personalidade que são combatidos no outro.

Beate aprendeu que não é necessário gostar totalmente de outra pessoa para que ela possa ser respeitada, prezada e amada, e ela aprende a encarar as incompatibilidades, cuja regulamentação é muito importante para o relacionamento.

Figuras da sombra são, muitas vezes, histórias relacionais, mas aquilo que acontece no nível interpessoal tem sempre também uma correspondência intrapsíquica. Agora, Beate consegue entender os sonhos nos quais a colega aparece como sombra como expressão de aspectos da própria personalidade.

Esses exemplos nos mostram também: muitas vezes, aspectos da sombra são aspectos fortes, aspectos da personalidade que contêm muita energia. É por isso que sua aceitação nos torna fortes. Mas se lutarmos contra eles sem nos reconciliarmos, as energias fortes contidas neles podem acabar nos destruindo.

A aceitação da sombra complementar e da sombra análoga

Com a ajuda de mitos, contos de fada, sonhos e experiências no dia a dia, desenvolvi alguns modelos de aceitação de sombra. São diferentes processos que nos levam à aceitação da sombra. A forma como ocorre a sua aceitação depende, de um lado, da própria sombra, de outro, da coerência do complexo do eu, ou seja, de quão forte é o eu em determinado momento. Em seguida, falarei da aceitação da sombra complementar e da sombra análoga.

A sombra complementar – o lado desconhecido

Inana e Eresquigal podem servir como exemplo da sombra complementar: duas oposições irreconciliáveis se confrontam. A aceitação da sombra complementar resulta facilmente numa identificação com essa sombra. Por muito tempo, houve uma identificação com tudo que não pertencia à sombra. Por causa disso ela se tornou cada vez mais estranha, mais assombrosa, mais vergonhosa e foi cada vez mais desvalorizada. Mas então, quando ocorre a identificação com a sombra, nós nos tornamos estranhos e assustadores em nossas próprias ações e posturas. Nós sentimos vergonha sem podermos nos defender contra ela. O perigo consiste em desvalorizar-nos completamente, de acordo com a convicção de que, se não formos totalmente bons, somos totalmente maus. A dissociação de "bom" e "mau", que já mostrava seus efeitos no fato de que nós nos identificávamos exclusivamente com o lado bom e claro, continua a agir, mas agora na identificação exclusiva com o lado escuro.

A tendência ao mecanismo de defesa da dissociação causa um problema de identidade: quando atribuímos tudo às categorias do "bem" e do "mal", só podemos aceitar um dos nossos lados, e quanto mais os aspectos da nossa sombra nos ameaçam, mais tendemos a nos idealizar e a nos alienar cada vez mais de nós mesmos, tornando-nos cada vez mais irreais e irrealistas. Esse problema de identidade pode ser superado por meio da aceitação da sombra.

Enquanto dissociamos a sombra, acreditamos saber exatamente o que é certo e como as outras pessoas devem se comportar. O ideal nos fornece o padrão. As expectativas não realizadas e irrealizáveis trazem decepções e impedem que também sejamos gratos a outras pessoas por nos familiarizarem com formas de comportamento totalmente diferentes. Quando existe uma aceitação básica da sombra, sabemos que existem possibilidades infinitas de frustrar o ideal, mas que também são "certas". Nós nos abrimos muito mais para aquilo que nos ocorre e nos tornamos gratos também para as muitas possibilidades de vida não destrutivas, para a riqueza da vida.

Mas isso significa também que lidamos de maneira diferente com nossos próprios conflitos de valores e também no confronto com os valores de outras pessoas. O objetivo não é mais que o valor de uma pessoa "vença" o valor de outra pessoa ou que haja vencedores e perdedores num confronto. Não devemos parar de refletir sobre o que é essencial nos valores que estão sendo debatidos e sobre o que pode ser integrado, para que ocorra uma situação em que todos os lados ganhem e ambos os partidos possam sair do conflito como vencedores.

Imaginemos uma pessoa muito frugal com uma sombra gananciosa. Ela acaba de se conscientizar dela e a sombra provoca muita resistência e vergonha. Essa pessoa sempre acusou, desprezou e repreendeu pessoas gananciosas. Durante a aceitação dessa sombra, essa pessoa não deve descobrir apenas quais são as vantagens e desvantagens da frugalidade em sua própria pessoa e quais são as vantagens e desvantagens da ganância. Se a ganância se transformou em sombra, essa pessoa terá que imaginar sobretudo situações em que a ganância pode ser extraordinariamente útil e até necessária. Terá que reunir algumas associações que inserem a ganância num contexto: gula, cobiça, curiosidade, ganância de vida... Mesmo que trate isso com a seriedade necessária, terá que refletir sobre muita coisa, também sobre as desvantagens da frugalidade. Ela não fechará simplesmente um acordo, mas decidirá em quais contextos de vida ele pretende continuar sendo frugal e em quais assumirá sua ganância. O objetivo principal seria uma vida cheia de vitalidade.

Se aceitarmos o conceito da aceitação da sombra, nós nos comportaremos de forma semelhante também num conflito de valores com outra pessoa. Quando uma pessoa frugal e outra gananciosa entram em conflito uma com a outra, é preciso encontrar uma solução em que ambas reconheçam onde cada uma deseja ser frugal ou gananciosa.

Devem definir o contexto em que a frugalidade e a ganância geram uma sensação boa. Assim não há perdedores nem vencedores – ambos ganhariam.

Os dois mitos sumérios e o conto de fadas nos deram algumas instruções para que a aceitação da sombra possa acontecer. Uma precondição importante é que nos lembremos de aspectos que não pertencem à sombra e saibamos que não somos apenas sombra. Úteis são lembranças de períodos da vida que não eram determinados pela sombra. Outro tema importante nessas histórias é a empatia: empatia conosco mesmos na situação de sombra com as consequências muitas vezes assustadoras, mas também o conhecimento de que dependemos da empatia de pessoas que não criticam, mas entendem quão vergonhoso é o nosso comportamento para nós mesmos, que, muitas vezes, também afeta nossos próximos. O desenvolvimento de consciência e de aceitação da sombra pode exigir também que percorramos primeiramente um caminho de desenvolvimento interior, que, como no conto "A pastora de gansos", está vinculado ao desligamento dos complexos materno e paterno.

Mitos e contos de fadas mostram também claramente que o tema da aceitação da sombra se apresenta em transições da vida, ou, em outras palavras: quando a sombra não pode mais ser reprimida, ocorre uma transição da vida.

A aceitação da sombra análoga por meio da luta

Entendo como sombra análoga aqueles aspectos da sombra que são vividos ou reprimidos por nós e dos quais nos conscientizamos por meio de outra pessoa. Um bom exemplo disso são Gilgamesh e Enquidu.

O portador da sombra análoga também é desdenhado, rejeitado, caso contrário não estaríamos lidando com a sombra. As pessoas lutam umas com as outras e se odeiam. Por meio da aceitação recíproca da força e da percepção dos aspectos não pertencentes à sombra, a aceitação transforma a ameaça na experiência de ter encontrado um companheiro. Isso pode resultar em amor, como no caso de Gilgamesh e Enquidu, mas pode resultar também – e isso é mais comum – num relacionamento amoroso, mas cauteloso, no qual ambos sabem que o outro sempre é capaz de surpreender – não, porém, no sentido de esperar algo "ruim", mas no sentido de que nós nos conscientizamos de que sempre devemos contar com alguma irritação desafiadora.

A aceitação da sombra análoga por meio da luta pode ocorrer no relacionamento interpessoal, mas também na relação intrapsíquica. Em ambos os casos, ela resulta em força e vitalidade e permite um acesso a novos aspectos da nossa psique. Resulta também em mais tolerância. Não precisamos de tolerância quando devemos aceitar uma pessoa da qual sabemos que ela pensa e age de forma comparável a nós mesmos. Tolerância significa conseguir aceitar pessoas com outras opiniões, sem que essas opiniões nos ameacem, mas também sem a pressão de ter que adotar essas opiniões. Por meio da luta com a sombra nós nos tornamos mais capazes de lidar com conflitos e com relacionamentos.

Só podemos lutar de forma positiva com a sombra quando já adquirimos certa tolerância em relação a ela, quando temos um complexo do eu suficientemente coerente e vivenciamos um portador da sombra não como exclusivamente sombreado, seja na realidade ou num sonho ou na fantasia. Podemos verificar isso facilmente: suponhamos que você encontra um irmão ou uma irmã-sombra. Quando essa pessoa só o irrita, quando você só reconhece traços de personalidade que você rejeita rigorosamente, você tentará evitar essa pessoa. Mas se você sentir também um certo fascínio apesar de tudo que você rejeita nela, se você começar a se interessar por ela, você conseguirá também interagir com essa pessoa.

Em outras palavras: quando, no sonho, conseguimos ver em nós mesmos, nas outras pessoas e nos portadores da sombra também aspectos não sombreados e quando nos acostumamos a procurar não só a sombra, mas também a luz, então a aceitação da sombra se torna mais fácil.

O que dificulta a aceitação da sombra

Prefiro morrer a ser humilhado

Existem pessoas que preferem morrer a ser humilhadas. E somos humilhados, pelo menos temporariamente, quando um comportamento de sombra se torna claramente visível.

"Prefiro morrer a ser humilhado!" – assim pensam pessoas com um eu ideal muito elevado e um superego rígido, que reivindica as exigências formuladas mais ou menos conscientemente nesse alto eu ideal. O eu ideal não trata apenas da pergunta de como queremos ser vistos, não se trata apenas da *persona*, ele contém algo muito mais fundamental: a pergunta sobre os valores cuja realização determina como avaliamos a nossa vida. Evidentemente, não se trata apenas de uma avaliação intrapsíquica – em nossas avaliações dependemos sempre também das pessoas com as quais convivemos, da forma como elas nos veem e reagem a nós. Podemos nos esforçar e tentar ser imparciais, podemos até nos considerar imparciais, mas é só quando esse nosso esforço por imparcialidade é confirmado pelo mundo exterior que temos a impressão de estarmos realizando esse valor de forma visível em nossa vida. Ou seja, é o eu ideal que determina o padrão que usamos para avaliar a nossa vida. Alguém quer ser uma pessoa mais justa, outro quer ser uma pessoa especialmente amorosa, outros querem deixar sua marca no campo profissional – tudo isso são expressões do eu ideal.

No contexto da sombra, surge a pergunta se conseguimos entender o eu ideal como um ideal pelo qual orientamos a nossa vida, sabendo que ele é uma imagem orientadora e não uma norma que devemos cumprir, ou se esse ideal deve ser cumprido a todo momento para que não ocorra uma decepção e a condenação pelo superego.

Sabemos que um eu ideal exagerado pode ser uma exigência excessiva. Uma pessoa tenta ser imparcial, talvez ela tenha desenvolvido essa imparcialidade em relação a estilos relacionais percebidos como injustos na família de origem, portanto, certamente terá alguma sombra parcial e, por vezes, se sentirá atropelada por essa sombra injusta. Possivelmente ela desenvolveu uma sensibilidade especial em relação a essa sombra e percebe como injusto algo que, para outra pessoa, ainda está dentro da gama do normal. Se essa pessoa consegue ver seu eu ideal como uma imagem orientadora para o seu comportamento, então esse tipo de invasão na realização do eu ideal é algo perfeitamente normal, não é algo que a agride. Mas quando ela vê a realização do eu ideal como uma exigência absoluta, então cada comportamento injusto ou parcial representa um fracasso, uma catástrofe – que deve ser evitado ou, no mínimo, negado.

A aceitação da sombra não significa sacrificar os nossos ideais, dizendo a nós mesmos que todo ideal lança uma sombra, que, portanto, seria melhor não ter ideal nenhum, inserindo-nos numa vida centrada sem expectativas nem grandes decepções. A ideia da aceitação da sombra não deve ser usada para dissolver o eu ideal. Trata-se de não vê-lo como algo absoluto, mas de relativizá-lo no sentido de realmente colocá-lo na posição de um ideal, de um ideal como meta da nossa postura de vida.

Quando não temos objetivos em direção dos quais podemos nos projetar, que nos ajudam a avaliar as nossas ações, também deixamos de tentar fazer algo com a nossa vida; o resultado é um *laissez faire*, tudo se torna indiferente, nada mais importa de verdade. Sempre teremos uma sombra, o que adiantaria esforçar-nos? Mas quando não fazemos nada da nossa vida, nós nos tornamos invejosos (cf. Kast, 2015d). E parece-me melhor se decepcionar de vez em quando do que ser invejoso, pois é mais fácil desenvolver criatividade a partir da decepção do que a partir da inveja.

Se a aceitação da sombra fosse coletivamente entendida de tal modo que os ideais deveriam ser sacrificados, nós faríamos parte de uma sociedade com cada vez menos valores em cuja validade podemos confiar. Mas é justamente essa perda de valores que não ocorre no caso da aceitação da sombra. Quando entendemos a sua aceitação corretamente e ocorre um confronto com ela, é verdade que sempre experimentamos também um dilema entre os valores, mas esse dilema deve ser resolvido de tal forma que não venham a existir vencedores e perdedores por causa da absolutização de um dos valores.

Não há dúvida de que cada ideal sempre lança também uma nova sombra; por isso, o convívio com a sombra é uma luta que nunca acaba. É o que Kant quer dizer quando ele afirma que sempre voltamos a cometer o mal apesar de não querermos que aconteça e que devemos assumir a responsabilidade por isso; e é desse modo que a psicologia junguiana entende quando fala da "sombra arquetípica". Mas isso não significa que não existam também situações na vida em que não estamos sombreados ou em que não lidamos com sombras às quais já nos acostumamos. Porém, também existem sempre situações em que somos surpreendidos por sombras abismais.

Um eu ideal exagerado se torna problemático especialmente quando um superego rigoroso exige permanentemente a sua realização. O superego consiste em normas e regras internalizadas que provêm, em parte, da educação – também da educação religiosa – dos nossos complexos, i.e., dos episódios relacionais difíceis internalizados da primeira infância, mas também da vida adulta e, em parte, são estipuladas diretamente pela sociedade em que vivemos.

Esse superego pode ser mais ou menos exigente, mais ou menos tolerante: pessoas com pais que sempre insistiram na observação de regras costumam ter um superego mais rigoroso do que filhos de pais mais tolerantes. Uma pessoa que foi religiosamente socializada de modo que cada violação das regras passa a gerar culpa, que, quando criança, entendeu a religião de tal modo que sempre precisou tentar escapar da culpa, costuma ter um superego exigente na vida adulta. Um superego muito exigente não permite um comportamento que revele sombra, esse comportamento deve ser evitado e, quando ocorre mesmo assim, ele deve ser dissociado.

Uma pessoa cujo eu ideal exige que ela seja sempre prestativa e sempre ajude os outros e que ela sempre cumpra as responsabilidades que assumiu e que tenta viver isso de forma absoluta tem um superego rigoroso. Ela é obrigada a realizar esse ideal, caso contrário sua vida não tem valor, ela desperdiçou sua vida. Essa combinação faz com que ela não consiga se defender contra os desejos e as exigências de outras pessoas. Esse tipo de pessoa costuma ser soterrado por um excesso de responsabilidades que ele nunca quis ter e que ele não consegue cumprir. Mas ele consegue cumprindo sua obrigação – ele só se ressente disso no sono. A maioria das pessoas tem mecanismos de autorregulação: quando se sentem sobrecarregadas, elas pedem um intervalo, fazem algo em seu tempo livre que as alegra. Mas uma pessoa tão responsável não consegue compensar com alegria, pois na compensação, no ócio, a sombra se manifesta. Essa pessoa costuma se irritar com o fato de os outros serem tão preguiçosos – preguiça como sombra. Mas, em algum momento, a sombra se manifesta mesmo assim:

Um homem, membro de muitas associações, muito prestativo e cheio de ideias para melhorar a vida dos outros, afirma: "Quando não aguento o monte de trabalho, eu me lembro de repente de que poderia pegar minha moto velha e passear pela região – seria um barulho infernal". Quando pergunto por que ele não realiza essa fantasia, ele diz: "Em primeiro lugar, eu seria parado pela polícia, pois essa moto antiga polui tudo num raio de um quilômetro; em segundo lugar, ficar passeando à toa não é algo que se faz, as pessoas pensariam que não sei o que fazer com meu tempo". Em sua fantasia, existe uma ideia de compensação, mas ela é rejeitada como sombra.

Outras pessoas em uma situação comparável pensam de repente em largar tudo. Em tais momentos, elas invertem os valores em seus opostos: a vida atual é declarada sombra, inimiga da vida boa – e elas ficam fantasiando uma "vida totalmente diferente". Muitas vezes, trata-se de uma tentativa breve e improdutiva, pois, no fundo, elas já julgaram as pessoas que realmente largaram tudo. O broto de liberdade é sufocado antes da realização; luz e sombra são divididas da forma "correta": luz é a situação atual; sombra é o que vivem aqueles que largaram tudo.

O que essas pessoas temem? O que as outras pessoas não devem saber, o que elas não devem ver, o que os outros pensariam se soubessem "isso"? Esse "isso" é interessante, nesse "isso" que ninguém pode saber se esconde a sombra. E tudo pode se esconder nesse "isso": uma doença da qual ninguém pode saber, uma incapacidade, uma orientação sexual que não corresponde à norma, uma preguiça absolutamente normal ou um ócio um pouco maior do que o normal. O que as pessoas temem é que os outros as julgariam, que elas se tornariam objeto de chacota do bairro inteiro, que sua vida se tornaria tão insuportável que seriam obrigadas a emigrar.

A pessoa que reage dessa forma não tem apenas um eu ideal muito elevado, mas também um superego rigoroso. Vemos essa combinação claramente em pessoas com uma estrutura depressiva (cf. Kast, 2014b, p. 110ss.). Nós falamos de uma "estrutura depressiva" quando a relação entre uma pessoa e os outros e a relação entre seu próprio eu e o mundo interior se configura de uma forma bem específica: a pessoa se submete totalmente às exigências, também as exigências imaginadas do ambiente e se sente inibida por isso. Isso diminui a autoestima, que é compensada por um eu ideal exagerado. Já que essa pessoa não alcança o que deseja alcançar, ou seja, o amor e a aceitação dos outros, as exigências feitas a si mesma se tornam cada vez mais rigorosas. Quando, além disso, essa pessoa sofre uma perda essencial – a perda de um ente querido, mas também a perda de reputação ou trabalho – uma depressão pode ocorrer. Mas a pessoa afetada não vê essa doença como uma possibilidade nova para entrar em contato consigo mesma, como uma chance de descobrir o que ela mesma espera da sua vida.

A própria depressão é vista como um fracasso que deve ser escondido dos outros – ela se transforma em sombra. Isso pode chegar ao ponto em que as pessoas se matam para que essa vergonha não se torne visível. Desejaríamos a essas pessoas uma liberdade maior no convívio com a sombra. Elas também lutam com ela, mas só no sentido de escondê-la, e, no fim, quem vence é a sombra – e as pessoas morrem.

Em seu romance *Der Vorleser* [O leitor], Bernhard Schlink (1997) narra um exemplo da vergonha que pode estar vinculada à sombra e como a ocultação da sombra pode terminar em morte: Hanna, uma das protagonistas do romance, não sabe ler nem escrever e faz de tudo para impedir que esse fato se torne público. Sempre que ela é recomendada para uma promoção e sua vergonha poderia se tornar visível, ela foge. Quando ela e quatro outras mulheres são processadas por terem servido como guardas durante a guerra num pequeno campo de concentração nas proximidades de Cracóvia, ela não consegue ler a acusação e, por isso, não se prepara para a sua defesa e admite ter escrito um relatório importante, o que decide o seu destino. Toda culpa é atribuída a ela. "Por temer a exposição como analfabeta ela escolheu a exposição como criminosa?" (cf. Schlink, 1997, p. 127). Na prisão, Hanna aprende a ler e a escrever e, quando sua pena termina, ela se mata.

O conglomerado de sombras

Aquilo que reprimimos se conecta, se une no inconsciente. Isso funciona como nos contextos cientes: pessoas que são excluídas de agrupamentos costumam se encontrar e conectar. É por isso que, muitas vezes, numa projeção ou num sonho, temos a impressão de não estarmos lidando simplesmente com uma qualidade descritível da sombra. Sombra se conecta com sombra e se transforma em conglomerado de sombras. Mas também outras estruturas psíquicas, como *anima* ou *animus*, são afetados pela sombra. No conto de fadas "A pastora de gansos", nós constatamos que o desenvolvimento de qualidades do *animus* pode nos capacitar a lidar melhor com a sombra.

Quando o *animus* ou a *anima* são sombreados, costumamos falar de um *animus* "negativo" ou de uma *anima* "negativa". Isso não me parece correto nem útil. Em primeiro lugar, os arquétipos como estruturas de ordem não são nem positivos nem negativos, eles só podem ter um efeito positivo ou negativo em conexão com a consciência. Em segundo lugar, podemos fazer um trabalho terapêutico muito melhor quando falamos de um *animus* ou de uma *anima* "sombreada".

Quando usamos os termos *animus* "negativo" e *anima* "negativa", sugerimos que se trata de algo que pode ser evitado. No entanto, melhor do que evitá-los é olhar para eles, entender e aprender a lidar com isso. No fim das contas, trata-se de separar a sombra do *animus*, a sombra da *anima*. Assim surge um "*animus* de poder" a partir de uma sombra de poder que se conecta com uma figura do *animus*. Uma sombra de poder são reivindicações reprimidas de poder, reivindicações de poder que não podemos expressar abertamente, que não podemos assumir. E assim forma-se um "*animus* de poder": na psique, constela-se o arquétipo do *animus*, por exemplo, por meio de um sonho, vinculado com um fascínio por meio de contextos intelectuais.

Quando esse fascínio não pode ser vivido com tranquilidade, uma pessoa com uma sombra de poder agraciará muitas pessoas com os temas correspondentes, queiram elas ou não. Ele os imporá – e não há como fugir. As vítimas dessas "caridades" se perguntarão qual ambição de poder não admitida se esconde por trás dessa postura.

A pessoa "tomada pelo *animus*", porém, se vê como enriquecedora e se surpreende diante da ingratidão da humanidade em relação aos seus impulsos intelectuais. Aqui, é preciso reconhecer a sua própria sombra de poder, aceitá-lo e lidar com ele de forma responsável, o que pode significar não demonizá-lo e sim tentar adquirir poder e importância; afinal de contas, não somos obrigados a abusar dele.

Podemos também sonhar com um estranho misterioso e fascinante, com os traços sádicos de um colega. Isso significa que essa figura do *animus*, que pode nos dar acesso a aspectos misteriosos da psique, é vista como sádica. Esse aspecto ainda estranho de nós mesmos é dominado por uma sombra sádica. Em contos de fadas, espíritos malignos da montanha são uma união de sombra e um velho sábio – uma configuração do *animus* – bruxas malignas são uma união de sombra e velha sábia – uma configuração da *anima*. Uma *anima* sombreada pode se manifestar no sonho de tal forma que uma estranha misteriosa e fascinante está vestindo um véu que lhe dá uma aparência feia e repugnante. Além disso, ela segura em suas mãos um cogumelo venenoso.

O que fazer diante de um *animus*, de uma *anima* sombreada? Nessa situação ajuda a dissecção de sombra e imagem arquetípica: podemos primeiro olhar para a sombra reprimida. Esta não precisa necessariamente ser apenas a nossa sombra pessoal, ela pode – ainda mais em conexão com a bruxa – ser também uma sombra da sociedade. A repressão dessa sombra deve ser suspensa. Na maioria das vezes, isso ocorre por meio da aceitação da sombra.

A separação de sombra a *animus/anima* pode ocorrer também de outra forma: quando o estranho misterioso no sonho apresenta os traços sádicos de um colega, podemos esquecer esses traços temporariamente, permitir que a imagem onírica do estranho misterioso nos fascine e que as emoções e fantasias vinculadas a ela ajam sobre nós. Perceberemos que estamos conectados com uma instância muito importante da nossa psique, que estamos mais conosco mesmos do que normalmente.

Nós nos sentiremos melhor, teremos uma autoestima melhor e só então nos perguntaremos o que esse traço sádico no rosto do estranho misterioso quer nos dizer. Talvez nos lembremos com uma sensação muito ruim que tendemos a nos comportar de forma sádica em relação aos outros, a menosprezá-los cinicamente quando estamos infelizes, apesar de rejeitarmos totalmente qualquer comportamento sádico. Essa dominação do inconsciente pela sombra pode se expressar também de outra forma. Uma pessoa diz, por exemplo:

> "Há três meses só sonho com paisagens nebulosas, com casas envoltas por neblina, com cidades e neblina". Uma problemática geral da sombra se sobrepõe aos outros conteúdos do inconsciente, mas pode também significar – e isso não é uma contradição – que uma grande melancolia permeia tudo. Vemos aqui que podemos projetar a sombra não só sobre pessoas, mas também sobre paisagem e a atmosfera.

Figuras da sombra, cada vez mais ensombradas – em sua aparência ou em seu comportamento – são muito relevantes nos processos terapêuticos. É muito difícil aceitar essa sombra "condensada" como qualidade da sombra pessoal, de identificá-la também no dia a dia e de lidar com ela de modo responsável. Por isso, devemos dissecar as partes individuais desse conglomerado da sombra; aqui, a análise, a dissecção em elementos da sombra, revela seu sentido profundo, pois é possível aceitar aspectos individuais da sombra sem que a autoestima seja excessivamente ameaçada.

Exemplo de um sonho

Acrescento um exemplo de um sonho de sombra condensada, que homens e mulheres têm de forma muito semelhante. A versão seguinte foi sonhada por uma mulher de 34 anos de idade:

> Estou em casa em meu apartamento. Está escuro, ouço barulhos, barulhos de alguém arrastando os pés, também de alguém arranhando uma superfície. Pelo visor da porta, olho para fora. Lá fora, vejo um homem gigante com um machado na mão. Vejo suas garras enormes, é possível que ele tenha pelo, com certeza é ruivo, sua aparência é assustadora. Acordo banhada em suor.

Essa figura monstruosa é um conglomerado da sombra, um acúmulo de qualidades da sombra. O homem que assusta é gigantesco. Isso estabelece uma conexão com os gigantes. Associamos aos gigantes uma força enorme, que pode nos assustar. Nos contos de fadas, eles não são muito inteligentes e, por isso, são enganados por pessoas que deveriam temer por sua vida. Nesse sonho, isso não funciona: esse homem está segurando um machado, que é percebido como especialmente destrutivo. Mas a sonhadora estabelece também uma conexão com um animal selvagem, mesmo que seja apenas vaga. Caso se trate de um animal selvagem, é improvável que consiga falar com ele – isso só aumenta o medo (cf. Kast, 2014a, p. 190ss.). Os cabelos ruivos costumam ser associados a pessoas passionais e eróticas, mas também com pessoas irritadas ou furiosas. A mulher se lembra de ter ouvido em sua infância que os ruivos são monstros. É, portanto, um monstro à sua porta.

A emoção vinculada ao sonho é um medo intenso em combinação com a expectativa de que o gigante a pegará dentro de instantes, ele arrombará a porta e a matará – ou, caso não derrube a porta, ele passará pelo buraco da fechadura ou por baixo da porta. Ou seja, o gigante entrará, queira ela ou não, ele transmite uma energia muito invasora.

No trabalho com o sonho, podemos nos concentrar em diferentes aspectos da sombra. Para não abalar excessivamente a autoestima da sonhadora, nós nos aproximamos primeiro dos aspectos da sombra que provocam menos medo. A sonhadora mencionou os cabelos ruivos, então a perguntei em quais situações ela costuma se comportar como uma "ruiva". Depois de uma conversa mais longa, ela admite que vive uma forma extremamente passional de sexualidade, mas que ela mesma rejeita, pois não é algo que cabe a uma mulher educada. – Um monstro sexual? Depois de uma longa conversa sobre essa forma de sexualidade tão inapropriada – e, com isso, a sombra já deixa de ser reprimida, pois está sendo contemplada numa conversa entre duas pessoas – ela deixa de julgar negativamente esse aspecto de sua personalidade e até passa a considerá-lo atraente.

Ela respira fundo, se levanta e diz: "Por que permaneci tanto tempo na prisão de um comportamento tão morto? Agora me sinto livre. – Mas quando tudo isso se tornar real, talvez tudo isso volte a mudar". Isso é possível, pois esse aspecto da personalidade foi reprimido porque ele provoca medo. Aquilo que gera medo é reprimido – aquilo que é reprimido, gera medo. Possivelmente, porém, o trabalho com a sombra despertou na sonhadora tamanha curiosidade em relação a esse aspecto da vida, um desejo tão grande de viver esse lado tão poderoso que a coragem seja maior do que o medo.

Somente agora ela volta sua atenção para o machado. Ela se lembra de que, por vezes, ela destrói brutalmente as ideias de outras pessoas, provando a elas que essas ideias são totalmente inúteis. Na maioria das vezes, ela tem razão, mas talvez exista outra maneira de lidar com isso. Talvez não como uma lenhadora?

Dessa forma, um sonho que contém um conglomerado de qualidades da sombra, que transforma uma personificação da sombra em um monstro e, por isso, não pode ser aceita como uma figura da sombra pessoal, pode ser dividida em seus componentes individuais. Estes podem ser vinculados a comportamentos cotidianos e serem aceitos. São principalmente os aspectos da sombra que nos assustam muito que trazem um grande aumento em termos de vitalidade quando nós os aceitamos.

A sombra no relacionamento

Tudo que é reprimido se conecta intrapsiquicamente, como vimos no capítulo anterior: falamos então de um *animus* ou de uma *anima* domada pela sombra. Mas quando lidamos com a sombra, estamos tratando sempre de um tema intrapsíquico e de um tema relacional. Não é só na psique, mas também nos relacionamentos com nossos semelhantes que os diferentes aspectos da sombra podem se unir.

A sombra em relacionamentos apresenta muitas facetas: existem a projeção da sombra, a identificação projetiva, a delegação da sombra e o fato de que a sombra "compartilhada" é mais significativa do que a sombra "solitária". E também numa relação amorosa em que *anima* e *animus* se constelam (cf. Kast, 1984), constela-se a sombra reprimida dos dois parceiros como sombra "compartilhada". Existem também a sombra produzida pelos ideais relacionais, a sombra da família etc.

A projeção da sombra ocorre constantemente e em todos os lugares e, por isso, também em relacionamentos próximos – especialmente nestes. Muitas vezes, reconhecemos na outra pessoa justamente aquilo que é a nossa sombra, nós a combatemos no outro, talvez também nos deleitemos com ele secretamente, e nos sentimos superiores ao portador da sombra: somos uma pessoa melhor. Esse convívio projetivo com a sombra ocorre também entre irmãos, entre pais e filhos, entre parceiros...

A sombra é projetada quando ela se constela. Ele não se constela o tempo todo, caso contrário jamais nos vivenciaríamos sem sombra, e nem sempre se constelam os mesmos aspectos da sombra; nossa psique é muito dinâmica. Existem situações em que a sombra se constela com uma facilidade maior, por exemplo, em situações de estresse.

Embora essas projeções de sombra não ocorram constantemente – ou apenas poucas – normalmente, sabemos muito bem quais aspectos de sombra o nosso parceiro tem. Às vezes, até falamos sobre eles com nossos amigos. Na verdade, porém, não sabemos muito bem de quem, exatamente, é essa sombra. Essa sombra é minha – ou seja, uma projeção? A sombra é do outro? Estou vivenciando algo como sombra no outro que essa pessoa nem reconhece como sombra? Um exemplo típico:

> Um homem com grande talento para o caos não consegue ver sua desordem como uma qualidade da sombra. Sua esposa, muito mais organizada do que ele, descreve essa tendência à desordem como sombra de seu marido e exige uma melhora definitiva.

Nesse contexto se inserem também as imposições de sombra, que já discutimos mais acima: nós nos irritamos e atestamos ao parceiro que ele é "sempre caótico e nunca me respeita".

Fazer com que o outro "digira" nossa sombra

Uma forma especial de projeção é a identificação projetiva. Nós projetamos a sombra sobre o parceiro e esperamos que ele consiga lidar melhor com ela do que nós mesmos, que ele prepare e adapte a sombra de tal forma que nós conseguimos aceitá-la.

Um exemplo

Dois anos atrás, um homem de 28 anos de idade conheceu uma mulher. Ele afirma que ela não lhe faz bem, mas que é muito importante para ele que, no entanto, não pode largá-la. Como se apresenta esse "não fazer bem"? "Ela me seduz e me atrai para uma proximidade excessiva, eu até consigo desfrutar dela; mas, de repente, me vejo obrigado a repulsá-la, preciso de distância. Eu não quero isso, mas não consigo resistir. Quando luto contra isso, fico exausto. Na maioria das vezes, porém, fico sarcástico, às vezes perco o controle ou passo a ser extremamente charmoso de uma forma que não tem nada a ver".

Esse problema de proximidade e distância é algo novo, ele não o vivencia nos relacionamentos com outras mulheres, tampouco ocorre na relação terapêutica, ele não se manifesta nos sonhos nem é um tema na família de origem. Ele o descreve como sombra "importada".

Ele conversa sobre isso com a mulher com a qual ele tem esse problema. Para ela, isso não é novidade, nada que a surpreenda, é algo normal para ela: isso sempre acontece com ela, pois sempre tem homens que se comportam desse jeito, está convencida de que é assim que os homens são. "Você pode atrair os homens para uma proximidade muito grande, então eles ficam com medo e afastam você, ficam exaustos, sarcásticos e magoam". Essa mulher generaliza a experiência que faz com os homens e a atribui a todos os homens como característica masculina.

A vivência e o comportamento do homem pode ser uma identificação projetiva com a sombra dessa mulher: ela projeta o desejo de proximidade e faz com que o homem se comporte segundo sua projeção. Ele se identifica com a projeção dela. Mas ela não deseja apenas proximidade, ela também tem medo da proximidade, o que gera nela uma expectativa ambivalente. No seu comportamento, porém, o medo de proximidade não se mostra. A expectativa que ela nutre em relação ao homem poderia ser: "Quando quero estar próxima de você, você me rejeita; quando quero estar sozinha, você quer que eu satisfaça seus desejos de proximidade". Quando o homem se identifica com essa projeção e se dá conta de que não se trata de sua própria projeção de sombra, ele deve lidar com essa projeção de forma adequada, ele precisa se confrontar com essa acusação.

Na situação terapêutica, é normal ocorrer esse tipo de identificação projetiva. O terapeuta deve então mostrar, de certa forma como modelo, como ele lida com uma imposição de sombra. Isso diminui a sensação de ameaça pela sombra, e torna-se mais fácil aceitá-la. A aceitação da sombra pode ser treinada e aprendida também com a maneira em que uma outra pessoa lida com a sombra importada, com uma imposição de sombra, com a qual ela realmente se identifica temporariamente, aceitando a sombra projetada temporariamente como sua própria sombra e se comportando de acordo com ela.

Uma pessoa projetará a sombra sobre outra pessoa quando a coerência do seu eu não for boa, quando não consegue aceitar sua sombra. Então ela obriga o outro a processar a sua própria sombra. Os terapeutas estão cientes dessa problemática e sabem como lidar com isso. No dia a dia, porém, quando sofremos tal imposição de sombra "forçada", nós nos irritamos, nos sentimos manipulados, tratados injustamente, e logo exigimos que o outro arrume primeiro a sua própria casa.

O homem em nosso exemplo deveria formular o dilema como se fosse o seu próprio, sem acusar a si mesmo, sem se autodestruir. Por exemplo: "Eu me irrito demais, e também sinto vergonha por sentir tamanha ambivalência dentro de mim em situações desse tipo. De um lado, quero ter você bem perto de mim, ao mesmo tempo, porém, quero empurrá-la para bem longe. Isso é algo que não conheço em mim mesmo, isso deve ser terrível para você, pois não tem como saber o que eu quero de você, e eu não quero que você tenha que sentir isso. No futuro, tentarei formular o meu medo quando ele aparecer".

Essa é uma possibilidade de lidar com esse tipo de projeção. Precondição é perceber e levar a sério os sentimentos e os comportamentos aos quais essa projeção nos leva pessoalmente e suportar a "injustiça" e, talvez, também o medo vinculados a ela. No nosso exemplo, a mulher poderia entender essa forma de processamento como modelo para lidar com a ambivalência e o medo no relacionamento. Sobretudo, porém, ela vivenciaria que é possível conversar sobre esse problema, que é permitido assustar-se com o comportamento, mas que também é possível assumir responsabilidade e não precisa condenar a si mesma.

A projeção da sombra resulta em imagens de inimigos mais em pessoas que não nos são muito próximas. Com pessoas próximas ocorrem muitas identificações projetivas – muitas vezes inofensivas. Portanto, em relacionamentos, sempre processamos a sombra também representativamente, nós a preparamos para que o outro consiga digeri-la e aceitá-la melhor. O importante é que o parceiro resista à nossa imposição de sombra, que ele não seja destruído por ela. Quando ele não consegue lidar com isso, o resultado são mágoas e ferimentos, e disso resultam novas acusações. Nesse caso, um processamento da sombra não é possível. O que ocorre é a produção de muita sombra adicional.

A delegação da sombra

Um casal, ambos na casa dos 40 anos: A senhora A. afirma que seu marido tem muita energia criminosa, mas que não a usa. Essa energia criminosa se manifesta, por exemplo, em suas ideias para paralisar toda a rede ferroviária de um país ou sobre como acessar os computadores do ministério da defesa sem que ninguém perceba isso ao longo dos anos. Ele também fica pensando muito sobre o assalto a banco perfeito. Esse homem é um funcionário muito bem adaptado com uma profissão bastante comum, na qual ele é absolutamente confiável. A esposa teme que, algum dia, seu marido possa colocar em prática as suas fantasias criminosas, apesar de nutri-las há mais de vinte anos sem jamais tê-las realizado. Mas ela admite também que ela adora ouvi-lo falar sobre suas ideias. E ele afirma que sua imaginação se torna muito mais produtiva e criativa quando ela o ouve intensamente. Às vezes, ela pergunta a ele se não gostaria de escrever um romance policial; na maioria das vezes, porém, ela o acusa de ter uma imaginação repugnante, de ser infantil, um adolescente – e que já estaria na hora de ele produzir outras fantasias. Ele ouve o que ela tem a dizer – ou finge ouvi-la – promete mudar e pouco tempo depois volta a lhe contar outra de suas ideias "criminosas". Ela o ouve com interesse e faz as perguntas certas, que o ajudam a desenvolver a ideia...

Os dois parecem ter uma sombra compartilhada: ela a delega, ele a formula na imaginação – com a ajuda dela. O tema dessa sombra compartilhada seria: ter mais poder do que eles realmente têm, ser escrupulosos, buscar a própria vantagem sem quaisquer reservas, ser mais inteligentes e espertos do que os outros. Conscientemente, porém, esse casal defende valores como solidariedade, igualdade de todos os seres humanos; o casal despreza os bancos porque eles roubam o dinheiro dos pobres do terceiro mundo.

Antes de podermos estabelecer a hipótese de que uma sombra é uma sombra delegada, devemos perguntar se essa sombra se repete também em outras pessoas. O senhor A. afirma que, ocasionalmente, ele conversa com seus colegas de trabalho sobre essas fantasias, mas que só sua esposa consegue realmente incentivá-lo a imaginar tudo em seus pormenores. Isso pode ser divertido, mas é pouco produtivo. Os dois já praticam essa brincadeira há mais de vinte anos, portanto, estaria na hora de escrever um romance policial ou – e eu consideraria isso uma alternativa muito melhor – de reconhecer os aspectos da sombra e de, como casal, ser um pouco mais poderoso e desinibido em sua vida, de não ser sempre tão altruísta e se irritar porque os outros não o são. Na verdade, os dois deveriam assumir a responsabilidade pela sombra que se disfarça e revela nessas fantasias – mas como casal.

A sombra "compartilhada" é mais significativa do que a sombra "solitária"

Quando um número suficiente de crianças amorosas e bem-educadas se encontra, de repente, essas crianças começam a ter todo tipo de ideias absurdas e, de repente – caos total. Esse fenômeno pode ser observado de forma ainda mais nítida num grupo de jovens. O heroísmo grupal consiste em viver a sombra, e o superego é praticamente impotente diante desse dinamismo. Depois, as crianças e os jovens sentem vergonha por aquilo que aconteceu, não conseguem explicar nem a si mesmos por que fizeram aquilo; só sabem: quando o fizeram, eles se sentiram ótimos.

O que ocorre é um contágio de sombra, que, a princípio, é vivenciado como algo extremamente prazeroso. Mas então a dinâmica da sombra entra em ação. Viver a sombra se torna um ideal temporário; os outros têm medo – nós mesmos nos sentimos muito fortes e corajosos. Mas só nos sentimos assim como membros desse grupo, ninguém assume a responsabilidade pelo comportamento da sombra. Constatamos esse fenômeno também em relacionamentos amorosos:

> Um casal, ambos na casa dos 30, busca terapia porque eles estimulam um comportamento insuportável um no outro e para descobrir o que pode ser feito contra isso. "Individualmente, não revelamos muito comportamento da sombra. Somos medrosos, tentamos não provocar ninguém, imaginamos de antemão as consequências que determinado comportamento poderia ter. Mas quando estamos juntos, nosso comportamento é sombreado". Quando pergunto o que é "comportamento da sombra" para eles, eles respondem ao mesmo tempo: mentir. Quando não estão juntos, eles raramente mentem. Mas assim que estão juntos, eles passam a mentir: mentem um para o outro, mentem para os outros. Eles vivenciam como sombra também o fato de falarem negativamente sobre outros, apesar de condenarem esse tipo de comportamento em outras pessoas. Quando estão na companhia de outras pessoas, eles não fazem isso – só quando estão sozinhos, na companhia um do outro. Então eles se lembram também de que, às vezes, vão para uma loja juntos para cometer pequenos furtos, e esse é outro comportamento que não conseguem harmonizar com sua autoimagem.

A sombra compartilhada é considerável. Como podemos entender o comportamento desse casal? Ambos têm ideais elevados. Aparentemente, cada um consegue manter o controle sobre sua sombra e a repressão da sombra quando não está na companhia do outro. Mas quando estão juntos, a repressão se torna impossível. Sabemos que, juntos, podemos ser mais competentes, mais criativos, mais fortes, mais corajosos, mais alegres do que quando estamos sozinhos. Quando estamos juntos, somos mais do que quando estamos sós – às vezes, porém, somos também menos. Juntos, podemos ser menos criativos, menos alegres. Mas a dinâmica do reforçamento é a mesma. Quando ela ocorre em qualidades menos desejáveis, a sombra compartilhada também é maior. Então, os aspectos reprimidos alcançam uma massa crítica, que se manifesta, e a fantasia pode irromper em ação.

Também a avaliação de comportamentos da sombra pode mudar: quando duas pessoas sentem uma vontade indomável de mentir, que mal isso pode fazer! Regras que viabilizam o convívio humano são suspensas. O desejo é maior do que o restinho de superego que ainda sobra. Vemos essa dinâmica também em grupos, pois a identidade do grupo passa a assumir a responsabilidade – e como sabemos, num grupo, a responsabilidade é de ninguém.

Para esse casal, seu comportamento da sombra é um problema real, os dois sentem vergonha, eles temem ser pegos durante seus furtos. Eu formulo minha surpresa: se eles se estimulam reciprocamente para um comportamento tão inaceitável, se eles ativam qualidades tão terríveis um no outro, por que eles não se separam?

Protesto violento: eles se amam como nunca amaram outra pessoa; juntos, eles vivem uma vida completamente nova, com mais opções do que nunca, não só na expressão de sua sombra. Eles se veem como uma equipe maravilhosa. Quando o amor entra no jogo, devemos nos perguntar se não é possível que haja uma sizígia de *anima* e *animus* (cf. Kast, 1984): quando surge amor entre pessoas, podemos supor que esse encontro ativa imagens da *anima* e do *animus*. Essas imagens geram a sensação de que nos tornamos outra pessoa por meio do parceiro, uma pessoa mais livre, mais autêntica, com mais possibilidades de vida do que quando estamos sozinhos. Quando observamos os sonhos nessa fase da vida ou também as fantasias relacionais desenvolvidas em conjunto pelo casal, vemos quais aspectos da *anima* e do *animus* foram vivificados pela relação.

Se aplicarmos isso ao nosso casal, vemos que essas possibilidades de vida e relação, ativadas pelo relacionamento, também afetam a sombra. Quando tentamos encontrar o denominador comum arquetípico dessas diferentes qualidades da sombra, poderíamos identificá-las como qualidades de Hermes. Hermes é o deus grego dos comerciantes, dos intelectuais, dos ladrões e dos andarilhos. Mas ele também é o deus que conecta este mundo com o além, é, portanto, um deus responsável pela criatividade; e ele sempre encontra novos caminhos, por isso, também é responsável pelas buscas e pelos encontros.

Partir, encontrar, ser criativo, transformar coisas, esses são os temas associados a Hermes. Nesse casal, porém, Hermes só se manifesta com sua sombra. Ambos parecem ter reprimido muita sombra vinculada a essas qualidades de Hermes. Quando essas são ativadas, os aspectos correspondentes da sombra também são ativados. Já que ambos os parceiros reprimiram as mesmas qualidades, elas se acumulam quando os dois estão juntos. Eu tentei explicar as qualidades de Hermes ao casal, e ambos contrapuseram essas qualidades à sua vida consciente, que era uma vida muito adaptada, uma vida sem riscos. Só a sombra trazia o risco e a sensação de vitalidade.

Em seguida analisamos os aspectos da sombra mais de perto, e tentei fazer com que não falassem mais da "nossa sombra", mas cada um da "minha sombra", para que cada um fosse capaz de assumir responsabilidade por ela. Pois, embora vivessem a sombra juntos, era evidente que cada um contribuía sua própria parte e, por isso, devia lidar de forma responsável com a sua parte.

A sombra dos ideais relacionais

Ideais pretendem fazer a sombra sumir, mas os ideais sempre geram também uma sombra. A sombra do ideal relacional é temida, pois ele ameaça o relacionamento.

Num relacionamento, quando os arquétipos relacionais se conectam no inconsciente, os parceiros têm a impressão de ter encontrado sua outra metade. Eles têm uma sensação de amor e felicidade, talvez até de algo transcendental. Na mitologia, as diferentes conexões entre *animus* e *anima* são representadas como casais que celebram o Casamento Sagrado, e esses casais correspondem a ideais relacionais específicos, que podem ser aplicados também a casais humanos.

Tomemos como exemplo um casal, que busca um relacionamento semelhante ao casal mitológico Shiva e Shákti. Shiva e Shákti (cf. Kast, 1984, p. 23ss.) vivem em um abraço eterno, eles são tudo um para o outro, eles se bastam, ninguém pode invadir esse relacionamento. A sombra de um ideal relacional, no qual um casal se basta absolutamente, sempre deseja viver em proximidade absoluta, é, obviamente, a separação. A separação é temida. Casais que vivem esse ideal – na maioria das vezes inconscientemente – reagem com resistência e medo quando um dos parceiros desenvolve fantasias de autonomia, deseja um empreendimento como indivíduo ou expressa um anseio por filhos. A sombra – ela é o perigo para a fantasia de casal e para o relacionamento real; no entanto, quando ela é permitida, pode também gerar uma nova fantasia relacional, que abre a possibilidade de um novo desenvolvimento para o casal.

Um outro exemplo: Pigmaleão (cf. Kast, 1984, p. 53ss.). Para Pigmaleão, nenhuma mulher é boa o suficiente. Por isso, ele esculpe uma mulher de marfim, que lhe agrada perfeitamente e pela qual ele se apaixona eternamente. Vênus, a deusa do amor, dá vida a essa figura. Se transferirmos essa imagem para pessoas comuns, temos um ideal relacional que transforma um parceiro em uma obra de arte. Mas o que acontece quando o parceiro que deve ser transformado em obra de arte preserva seus desafios e falhas? Ou quando deseja transformar-se em uma obra de arte totalmente diferente? Nesse ideal relacional, a sombra é a autodeterminação do parceiro.

Bem diferente é o caso de Zeus e Hera (cf. Kast, 1984, p. 85ss.). o "casal conflituoso" grego. Por meio de seus conflitos, eles geram proximidade ideal e distância ideal. Quando um casal briga, os parceiros estão próximos um do outro e, ao mesmo tempo, cada um impõe limites. Quando o ideal relacional é proximidade por meio de briga e conflito, a sombra passa a ser a busca de harmonia.

Para Inana e Dumuzi (cf. Kast, 1984, p. 69ss.) no mito sumério, o ideal é o êxtase passageiro, mas altamente erótico-sexual. A sombra é então o compromisso duradouro.

Quando analisamos esses padrões básicos, que, evidentemente, são apenas alguns entre muitos outros, vemos que cada um tem também uma sombra muito específica, um lado que é temido e é evitado sempre que possível. Quando uma sombra se torna consciente, quando ela se manifesta, o casal perde temporariamente o seu ideal relacional; mas, na maioria das vezes, desenvolve novas fantasias relacionais, que podem ser um pouco menos ideais, mas costumam ser mais vivas.

Lidar com a sombra no relacionamento é mais difícil do que lidar com a sombra individual, e é injusto atribuí-la apenas a um dos dois. Quando somos criativos juntos, não dizemos: "Você é tão criativo", mas constatamos com alegria que, juntos, podemos ser mais criativos. Portanto, é correto dizer que podemos manifestar a sombra juntos e, mesmo assim, assumir a responsabilidade por nossa própria sombra individual.

Quando a sombra num relacionamento é projetada sobre um dos dois parceiros, surge dentro do relacionamento uma imagem de inimigo: um dos dois se transforma em malvado, em diabo, em uma pessoa que impede o outro de viver um relacionamento verdadeiramente satisfatório. Isso resulta em imposições fixas de sombra, e em vez de sustentar a autoestima do outro, ela é minada. Como consequência, os dois passam a lidar de forma destrutiva um com o outro.

A sombra da família

Muitas vezes, a sombra da família nos confronta na forma de um segredo de família. Todos os membros da família sabem alguma coisa sobre ele, mas ninguém pode conhecê-lo de verdade e principalmente pessoas de fora não podem saber nada sobre ele. Normalmente, trata-se de erros, dinheiro, sexualidade, incesto, fraude e outras coisas mais. Quando essa sombra é significativa, como, por exemplo, no caso de um incesto, ela é dissociada. Isso, porém, lança uma sombra sobre a identidade dos membros da família e impede que eles conheçam a si mesmos, a sua própria identidade, pois sempre há alguma dissonância que não deve ser nomeada. Ver a sombra, aceitá-la, assumir responsabilidade por ela significa também sentir-se mais em harmonia consigo mesmo. Terapeutas familiares sempre apontam para a importância da revelação de tais segredos de família.

Lotte Köhler, uma representante da teoria do apego (Köhler, 1998, p. 387ss.), constatou que, na segunda geração de vítimas do holocausto, os membros da família costumam ter a impressão de que algo muito ruim se esconde na família. Eles percebem o trauma dissociado pelos pais como sombra. E essa sombra se constela de vez em quando. Lotte Köhler menciona uma mãe que olha para o rosto de seu filho e se lembra do tempo no campo de concentração. A criança vê o terror na expressão facial da mãe e pensa que algo terrível aconteceu. Quando acontece algo terrível, as crianças manifestam um comportamento de apego, ou seja, buscam a proximidade da mãe. Mas é justamente essa proximidade que a mãe não pode dar neste momento, pois, na presença da criança, ela é assombrada por imagens terríveis. Isso, por sua vez, provoca um "terror inimaginável" na criança.

A imagem que Lotte Köhler esboça em sua palestra é impressionante: a criança não consegue imaginar o que está acontecendo, mas percebe a emoção do terror e não pode ser confortada, o que gera novo terror. Segundo as observações de Köhler, essas crianças reagem de forma muito semelhante a crianças que sofrem um abuso. Este, porém, não ocorreu, trata-se de um trauma dissociado da geração dos pais.

Existem também exemplos mais comuns de sombra familiar:

> Um pai e uma mãe não entendem por que seus filhos têm tantas dificuldades na vida. Eles têm quatro filhos: o mais velho é alcoólatra, o segundo é viciado em trabalho. Ele é visto como "bem-

-sucedido", como um filho que "deu certo". Mas ele trabalha tanto que não tem tempo para um relacionamento e vive perdendo peso – ele não é um *workaholic* feliz, mas tenso. A terceira criança, uma filha, vive numa comunidade religiosa que os pais não aceitam, e o caçula sofre com episódios de depressão profunda. Os pais não conseguem entender: "Somos uma família tão boa, tão positiva!" O que eles menos entendem são as depressões: "Nós ensinamos a todos que não devem desistir". Quando pergunto como eles ensinaram isso, eles contam que aplicaram métodos diversos: quando um dos filhos não se sentia bem, os pais diziam que ele só precisava falar em voz alta por bastante tempo. Isso o vitalizaria. Quando isso não ajudava, o filho era repreendido por ter desistido cedo demais. Além disso, ensinaram os filhos a terem amigos que estimulam, não amigos que desistem. E outros métodos semelhantes.

Surge então a pergunta por que não podemos relaxar de vez em quando, baixar a guarda quando não nos sentimos bem, por que devemos aceitar apenas amigos estimulantes obrigados a nos animar. Provavelmente, o pai e a mãe também são um pouco depressivos e reprimiram essa depressão de forma submaníaca. Esse "ocupar-se constantemente", esse método de "falar em voz alta por muito tempo", essa busca constante por estímulos – tudo isso pode ser um tipo de defesa contra a depressão. Quando uma depressão deve ser evitada a qualquer preço, ela se transforma em sombra. Se uma pessoa com depressão se desse ao luxo de se entregar a ela por um tempo, ela se conscientizaria provavelmente daquilo que está errado em sua vida, do problema que deve ser enfrentado. Mas é justamente isso que essas pessoas querem evitar.

Os filhos no nosso exemplo lidam cada um de seu jeito com essa sombra: o alcoolismo do mais velho pode ser entendido como tentativa de afogar a depressão, o viciado em trabalho segue os passos dos pais, ele consegue se defender contra a depressão por meio da hiperatividade; a pertença à comunidade religiosa é uma tentativa da filha de se inserir numa estrutura e obter um sentido na vida; só o caçula que sofre episódios depressivos enfrenta a sombra da família diretamente. Mas os pais não entendem o comportamento de seus filhos, pois eles conseguiram controlar as tendências depressivas.

Existe, é claro, também a sombra familiar muito mais comum:

> Imagino uma família em que todos são responsáveis, trabalham muito, se empenham na política e sociedade. Uma afirmação como: "A obrigação vem antes do prazer" é uma das afirmações que mais se ouve na família. Mas a família também se entrega a reflexões éticas e as discute. A sombra dessa família deve ser o prazer, a alegria de existir. Todos são tolerantes nessa família, mas a busca por prazer é vista como algo negativo; hedonismo é um sinal de decadência. A felicidade do indivíduo não está na busca por prazer, mas no trabalho em prol do todo maior. É claro que seria possível ter obrigações e prazer na vida ao mesmo tempo, obrigação e prazer podem coexistir.
>
> Essa família responsável tem filhos adolescentes entre 12 e 19 anos de idade. Como já mencionamos, o desligamento dos pais na adolescência ocorre quando as crianças vivem a sombra dos pais. Esses filhos têm uma expressão que deixa os pais impotentes: "Não estou a fim". Ou eles estão a fim de fazer algo, mas não aquilo que os

pais querem. Então os pais lhes explicam amorosamente que nem sempre podem viver segundo o princípio do prazer, às vezes, simplesmente existem obrigações que devem ser cumpridas. Os filhos expressam consentimento através de gestos, mas se recusam a fazer a vontade dos pais e repetem que não estão a fim e que seguiriam a sua própria vontade; se os pais quiserem, eles podem viver segundo o princípio da obrigação. Isso gera grande tensão na família e submete os pais a uma grande pressão. Eles têm pena de si mesmos: eles se esforçaram tanto com os filhos, e agora esses filhos se entregaram totalmente ao princípio do prazer! A situação mudaria se os pais também vivessem segundo o princípio do prazer de vez em quando.

O fato de que os adolescentes vivem a sombra dos pais a fim de se desligar deles incomoda bastante os pais, pois, até então, eles têm sido bem-sucedidos em sua tentativa de reprimir essa sombra. Na verdade, porém, eles deveriam ser gratos aos jovens, pois seus filhos mostram aos pais como eles poderiam se desenvolver (cf. Kast, 2015c). Quem mais além dos filhos poderia nos mostrar a nossa própria sombra de forma tão clara? Aquilo que mais nos irrita nos jovens com certeza aponta para a nossa própria sombra.

A força explosiva da sombra

Como podemos explicar o fato de jovens viverem a sombra dos pais? No início, a criança vê o mundo como ele é vivenciado no contexto da família. Quanto mais nova a criança, mais ela se identifica com os pais. Quando ela cresce, a identificação diminui; na adolescência, ela se aproxima de zero. Nessa época, começa a acontecer algo essencial: a autorreflexão e a autodúvida. Os jovens começam a questionar a si mesmos, mas também os pais e suas identificações com os pais. Os jovens constatam que não são iguais aos pais; aquilo que conhecem é rejeitado radicalmente, e o vácuo resultante é preenchido com um interesse por novas formas de viver, pelo grupo, pela sexualidade.

A autorreflexão inclui também a reflexão sobre a família, e o resultado disso é a acusação: "Vocês não são como afirmam ser. Vocês não são honestos!" E então o adolescente identifica a sombra e, muitas vezes, a vive. É por meio desse processo que os adolescentes encontram sua própria vida. Nessa fase, a sombra é vivenciada também como o estranho. Portanto, não se trata apenas de viver a sombra dos pais prazerosamente, essa sombra também traz muita coisa assustadora e estranha, a autodúvida é reforçada. Mas quando os jovens vivem a sombra de toda uma geração em seus grupos, isso é predominantemente prazeroso para eles.

Viver a sombra, isso é subversivo, perturba a cultura de repressão dos pais ajustados, traz confusão para a vida deles. Valores escondidos na sombra sempre ameaçam os valores válidos na atualidade. O que provoca medo e, por isso, foi reprimido emerge da repressão. Os valores vividos são questionados. Os filhos mais novos adotam os valores dos pais e os confirmam, os filhos mais velhos os questionam. Trata-se de um confronto absoluto e quase inevitável com a sombra – e, portanto, de uma grande chance quando é aproveitada e os jovens não são simplesmente condenados como bodes expiatórios para preservar os antigos mecanismos de projeção. Isso desafia os pais a mais autenticidade, mais honestidade.

Na família, os adolescentes vivem a sombra dos pais e da família; no grupo, eles vivem a sombra da sociedade à qual pertencem. Na década de 1980, ocorreram as "revoltas de Zurique". Os jovens se autodenominavam de "quebra-gelos": eles proclamavam que calor, afeto e proximidade tinham sido relegados para a sombra da sociedade e que estava na hora de descongelar esse estado.

No entanto, a adolescência não resgata a sombra da repressão, ao mesmo tempo ocorre uma nova pressão sobre a *persona*, entendida aqui como pressão do grupo. O desligamento da família, a autodúvida, a insegurança em relação à identidade levam a uma busca por uma segurança nova, e, muitas vezes, essa segurança é encontrada no grupo dos amigos da mesma faixa etária, principalmente no caso dos jovens homens. As moças costumam buscar a intimidade do círculo de poucas amigas. Os valores defendidos pelos grupos podem representar visivelmente a sombra da sociedade estabelecida, por exemplo, em seu jeito de se vestir, nos penteados, em toda a cultura jovem. A expressão dessa sombra vivida se transforma então em uma *persona* obrigatória: é "assim" que o jovem deve ser, é "assim" que ele deve se vestir, caso contrário, ele não faz parte. Fazer parte ou não – essa é uma pergunta importante aqui. As sombras dos pais e da sociedade – que se sobrepõem – emerge uma *persona*, surge uma nova pressão sobre a *persona*, e uma nova sombra se forma.

A "pressão dos grupos grandes" é especialmente visível nas jovens mulheres, elas sofrem uma "pressão de feminilidade". Hoje em dia, a maioria das pessoas concordaria com a afirmação: "Toda mulher tem o direito de ser uma pessoa independente e autodeterminada". Mas as revistas de moda para mulheres têm uma noção muito clara sobre o que isso significa em determinada época: hoje, por exemplo, uma mulher não usar maquiagem é uma provocação. E são justamente as mulheres adolescentes que se esforçam muito para corresponder à definição atual de feminilidade, e isso se mostra nas roupas, na relação com o corpo, na relação com o outro gênero etc. As mulheres jovens precisam de uma boa autoconsciência e ter tido uma mãe rebelde caso queiram questionar essa pressão de feminilidade e conseguir decidir se ou em que medida elas querem se submeter a essa pressão (cf. Jung, M.T., 1995, p. 33-55.).

As mulheres sombreadas

Existe na sociedade também uma sombra que não é vivida por um grupo e assim se torna visível, mas que deve ser desmascarada. Muitos valores importantes para as mulheres, por exemplo, se encontram na sombra, e isso significa que pontos fortes das mulheres são declarados como fraquezas. Hoje, porém, sabemos que, para as mulheres, relacionamentos e o cultivo de relacionamentos são muito importantes (cf. Gilligan, 1999; Brown & Gilligan, 1997). Existem estudos que mostram que as mulheres que vivem numa rede de relacionamentos, na qual elas recebem e dão apoio, tem uma autoestima muito melhor, conseguem lidar melhor com as crises e com as ansiedades e são menos depressivas (cf. Belle, 1982; Kast, 2005a).

Mas como falamos sobre esses fatos? Dizemos que as mulheres sempre dependem tanto de relacionamentos, que elas têm um estilo relacional harmonizador, que precisam sempre da companhia das amigas e que gastam muito tempo cuidando e cultivando seus relacionamentos. Sabemos que as mulheres realmente são capazes de conversar muito bem umas com as outras e que essas conversas resultam em esclarecimentos e soluções. Essa conversa é um processo criativo que realmente permite a criação de algo novo. Essa troca extensa entre as mulheres é chamada de "fofoca". Não existe "fofoca" entre homens.

As estatísticas mostram que as mulheres apresentam uma proximidade maior com as emoções e com a expressividade emocional do que os homens. Isso é chamado de sentimentalismo, emocionalidade excessiva e até mesmo de histeria das mulheres. Atenção ao corpo é condenado como narcisismo; o vínculo com a natureza, como romantismo sentimental; a inteligência feminina, como algo masculino; e a espiritualidade feminina, como misticismo idealizador.

Essas designações pejorativas conotam valores como desvalores e esses valores são sombreados. Assim, os pontos fortes não são percebidos como pontos fortes, mas são declarados como fraquezas, como algo que pode ser menosprezado. O problema é que muitas pessoas nem se dão conta disso e adotam esse uso de linguagem. Quando as mulheres fazem isso, elas aceitam fazer parte do "gênero sombreado". Em relação a isso, Siegfried Vierzig observa: "Misoginia, sexofobia e masculinidade hipertrofiada são, ao longo dos séculos, os motivos para as projeções do mal" (Vierzig, 1984, p. 58).

É, portanto, necessário levar isso muito a sério. Quando as mulheres consentem em fazer parte do gênero sombreado, elas enfraquecem sua autoestima; elas praticamente são obrigadas a ter vergonha de ser mulher. Se for correta a teoria segundo a qual a sombra esconde lados essenciais e vitais, e quando a ausência desses lados realmente é percebida, devemos nos perguntar por que as mulheres não conseguem aproveitar a força explosiva da sombra. Por que não conseguem ativar os potenciais contidos na sombra? Tanta coisa se encontra na sombra há tanto tempo que um pouquinho de aceitação da sombra já traria uma grande revitalização.

Existem muitas razões para essa passividade das mulheres: uma mulher com baixa autoestima se identifica facilmente com o agressor, aqui com uma opinião dominante generalizada, sem que ela consiga dizer claramente quem a defende como indivíduo. Na identificação com o agressor, a mulher sombreia a si mesma e nega seu próprio valor (cf. Kast, 2014c).

Ainda existem mulheres que têm uma identidade "derivada": elas permitem que sua identidade seja definida por pais, amigos, parceiros, ou seja, elas são como eles querem que ela seja e não como seriam se fossem elas mesmas – e tudo isso só para serem mais amadas. E justamente por valorizarem tanto os relacionamentos, as mulheres se prontificam mais rapidamente a se reconciliar e a consentir com aquilo que é, já que acreditam que isso não pode ser mudado. Elas não aprenderam que tudo pode ser também diferente e que a afirmação "Isso não funciona" se opõe a uma vida bem-sucedida (Kast, 1998b). Assim, uma qualidade – sua capacidade relacional – se transforma em grande fraqueza.

Para que, em nossa sociedade ainda dominada pelos homens, a potência contida na sombra realmente possa se realizar, os homens, a economia e a ciência devem perceber a ausência e sentir falta dessas qualidades da sombra.

Conclusão

A sombra não abarca somente a nossa sombra pessoal, portanto, ela não é um assunto exclusivamente pessoal. Sombra existe em todos os relacionamentos em que nos encontramos, nos relacionamentos individuais e coletivos. Somos responsáveis pela sombra onde ela afeta a nossa vida e os nossos relacionamentos.

Nós nos ocupamos constantemente com todas essas sombras, mas apenas quando a sombra se constela, quando ela perturba, quando ela faz falta ou quando fazemos projeções tão fortes e, por isso, passamos a sofrer tanto que o mundo se torna terrível. Então a aceitação da sombra se torna necessária.

No nível individual, a aceitação da sombra traz paz: eu aceito minha limitação, eu sei que sempre sou capaz de surpreender a mim mesmo, também negativamente. Quando aceitamos nossa limitação, isso não significa que não devemos explorar nossos limites e ultrapassá-los com responsabilidade de vez em quando. Em termos psicológicos, a aceitação da sombra traz mais veracidade, mais autenticidade. Ela impede que continuemos a responsabilizar outras pessoas por aquilo que nós mesmos somos responsáveis.

A aceitação da sombra seria mais fácil se, em nossa socialização, nós aprenderíamos a lidar com as diferentes angústias, a vê-las como algo útil, a conversar abertamente sobre elas e assim adquirir novas estratégias para superá-las (cf. Kast, 2014a). Podemos ter tanto medo da revelação da sombra que nos vemos obrigados a nos matar (cf. Schlink, 1997); no entanto, podemos não ter medo nenhum da sombra, de modo que ela nos mata. A aceitação da sombra resulta numa redução do medo diante da vida, nós nos tornamos mais realistas em relação a nós mesmos e em relação aos outros, nos tornamos também menos narcisistas e mais comuns – e isso alivia a pressão. A aceitação da sombra significa aceitar que nós mudamos, que a imagem que temos de nós mesmos muda o tempo todo – em direção a mais e melhores possibilidades de vida.

No entanto, a aceitação da sombra também traz um aumento em termos de responsabilidade. Não podemos mais simplesmente culpar o "mal", devemos sempre nos perguntar também onde nós mesmos agimos e pensamos de forma destrutiva e como devemos lidar com isso. É claro que nos deparamos também com pessoas destrutivas sem que isso seja uma projeção nossa e, às vezes, nós nos defenderemos de forma agressiva contra isso. Mas onde nós mesmos produzimos destrutividade, cada um de nós deve fazer o que pode para tomar medidas contra isso.

Os conflitos em relacionamentos se tornam mais evidentes quando aceitamos a sombra, mas isso também enriquece os relacionamentos e nos permite desenvolver uma cultura de conflito construtiva (cf. Kast, 2014b).

Do ponto de vista social, a sombra está vinculada às mudanças de ideais e valores. Aquilo que a sociedade reprime e exclui costuma ser trazido de volta – principalmente pelos jovens – e transforma os nossos hábitos. Quando a sociedade projeta a sombra sobre os marginalizados e estrangeiros, ela não se transforma, mas gera a imagem de um inimigo e, assim, produz inimigos que são vistos como os culpados pela ausência de movimento. Devemos ser gratos aos jovens numa sociedade por nos mostrarem a sombra da época e devemos mostrar a eles como podemos e devemos lidar com a sombra de forma responsável. É perigoso não se permitir nenhuma sombra assim como é perigoso permitir-se toda a sombra.

De importância fundamental é que esse conceito de sombra, de sensibilidade e aceitação da sombra seja conhecido e reconhecido não só pelos representantes da psicologia profunda. É um conceito que deve fazer parte do dia a dia das pessoas, é um tipo de pensamento com o qual todos devem se familiarizar. Embora a expressão "sombra" já seja bastante conhecida – as consequências da sombra ainda são pouco conhecidas.

Não podemos retroceder e voltar para a prática medieval das projeções de diabos e bruxas. A sombra contém um grande potencial, mesmo que ela possa ser muito incômoda. Parafraseando Kant: A sombra está sempre presente no ser humano, e nós somos irrevogavelmente responsáveis por nossa sombra pessoal e por nossa participação na sombra coletiva; portanto, somos responsáveis também por nosso futuro pessoal e pelo futuro do mundo.

Agradecimentos

Este livro cresceu e se desenvolveu ao longo de muitos anos e, no fim, foi o resultado de uma série de palestras, disponível também em CD/MP3 (www.auditoriumnetzwerk.de).

Agradeço de coração a todas as pessoas que me inspiraram e encorajaram a me aprofundar neste tema, principalmente, porém, agradeço a todos aqueles que me permitiram descrever aspectos da história de sua sombra e como eles lidaram com ela.

Bibliografia

Aeschbacher, U. (1996). C.G. Jung, das "Dritte Reich" und die Macht der Verdrängung. *Intra* 6.26, p. 32-41.

Belle, D. (org.) (1982). *Lives in Stress: Woman and Depression*. Sage.

Blomeyer, R. (1974). Aspekte der Persona. *Analytische Psychologie* 5(1), p. 17ss.

Brown, L.M. & Gilligan, C. (1997). *Die verlorene Stimme: Wendepunkte in der Entwicklung von Mädchen und Frauen*. dtv.

Camus, A. (2013). *Die Pest*. Rowohlt.

Egner, H. (org.) (1997). *Leidenschaft und Rituale: Was Leben gelingen lässt*. Walter.

Evers, T. (1987). *Mythos und Emanzipation: Eine kritische Annäherung an C.G. Jung*. Junius.

Freud, S. (1997 [1919]). Das Unheimliche. In: *Studienausgabe*. Vol. 4. S. Fischer, p. 243ss.

Gilligan, C. (1999). *Die andere Stimme: Lebenskonflikte und Moral der Frau* (5. ed.). Piper.

Grimm, J. & Grimm, W. (s./d.). *A pastorinha de gansos: Um conto de fadas dos Irmãos Grimm* https://www.grimmstories.com/pt/grimm_contos/a_pastorinha_de_gansos

Habermas, J. (1990). *Vergangenheit als Zukunft*. Pendo.

Heidegger, M. (1963 [1927]). *Sein und Zeit*. Max Niemeyer.

Jacobi, J. (1971). *Die Seelenmaske: Einblicke in die Psychologie des Alltags*. Walter.

Jacoby, M. (1991). *Scham-Angst und Selbstwertgefühl: Ihre Bedeutung in der Psychotherapie*. Walter.

Jacoby, M. (1992). Antisemitismus – Ein ewiges Schattenthema. *Analytische Psychologie 23*, p. 24-40.

Jung, C.G. & Neumann, E. (2015). *Die Briefe 1933-1959: Analytische Psychologie im Exil* – Herausgegeben von Martin Liebscher. Patmos.

Jung, C.G. (1962). *Erinnerungen, Träume, Gedanken – Aufgezeichnet und herausgegeben von Aniela Jaffé*. Rascher.

Jung, C.G. (2011-). *Obra completa* [*OC*]. Vozes.

    Aion. Estudos sobre o simbolismo do si-mesmo [OC 9/2].

    A luta com a sombra [OC 10/2, §§ 444-457].

    Depois da catástrofe [OC 10/2, §§ 400-443].

    Posfácio a "Ensaios sobre a história contemporânea" [OC 10/2, §§ 458-487].

    Os problemas da psicoterapia moderna [OC 16/1, § 114-174].

    A psicologia da transferência [OC 16/2, §§ 353-539].

    A árvore filosófica [OC 13, §§ 304-482].

    Símbolos da transformação [OC 5].

    Considerações teóricas sobre a natureza do psíquico [OC 8, §§ 343-442].

    A função transcendente [OC 8/2, §§ 131-193].

    A psicologia do inconsciente [OC 7/1, §§ 1-201].

    Sobre o renascimento [OC 9/1, §§ 199-258].
    Wotan [OC 10, §§ 371-399].

    Estudo empírico do processo de individuação [OC 9/1, §§ 525-626].

    A psicologia da figura do "trickster" [OC 9/1, §§ 456-488].

Jung, M.T. (1995). Die Adoleszenz des Mädchens: Bestandsaufnahme und feministisch-psychologische Utopien. In H. Egner (org.), *Lebensübergänge oder Der Aufenthalt im Werden* (p. 33-55). Walter.

Kast, V. (1984). *Paare. Beziehungsphantasien. Oder: Wie Götter sich in Menschen spiegeln*. Kreuz.

Kast, V. (1998a). *Animus* und *Anima*: Zwischen Ablösung von den Eltern und Spiritualität. In E. Frick & R. Huber (orgs.). *Die Weise von Liebe und Tod* (p. 64-79). Vandenhoeck & Ruprecht.

Kast, V. (1998b). *Vom gelingenden Leben: Märcheninterpretationen*. Walter.

Kast, V. (2005a). *Die beste Freundin: Was Frauen aneinander haben* (9. ed.). dtv.

Kast, V. (2005b). *Vater-Töchter, Mutter-Söhne: Wege zur eigenen Identität aus Vater- und Mutter-Konstellationen*. Herder.

Kast, V. (2012a). *Die Dynamik der Symbole: Grundlagen der Jungschen Psychotherapie* (8. ed.). Patmos.

Kast, V. (2012b). *Das Mädchen im Sternenkleid und andere Befreiungsgeschichten im Märchen*. Patmos.

Kast, V. (2013). *Freude, Inspiration, Hoffnung* (6. ed.). Patmos.

Kast, V. (2014a). *Vom Sinn der Angst: Wie Ängste sich festsetzen und wie sie sich verwandeln lassen* (13. ed.). Herder Spektrum.

Kast, V. (2014b). *Vom Sinn des Ärgers: Anreiz zur Selbstbehauptung und Selbstentfaltung*. Herder.

Kast, V. (2014c). *Abschied von der Opferrolle: Das eigene Leben leben*. Neuausgabe. Herder.

Kast, V. (2015a). *Auf dem Weg zu sich selbst: Werden, wer ich wirklich sein kann*. Patmos.

Kast, V. (2015b). *Paare: Wie Phantasien unsere Liebesbeziehung prägen*. Herder [reedição de Kast, 1984].

Kast, V. (2015c). *Loslassen und sich selber finden: Die Ablösung von den Kindern* (24. ed.). Herder.

Kast, V. (2015d). *Über sich hinauswachsen: Neid und Eifersucht als Chancen für die persönliche Entwicklung*. Patmos.

Kirsch, J. (1985). Jungs sogenannter Antisemitismus. *Analytische Psychologie 16*(1), p. 40-65.

Köhler, L. (1998). Zur Anwendung der Bindungstheorie in der psychoanalytischen Praxis. *Psyche 52*(4), p. 387ss.

Kristeva, J. (2013). *Fremde sind wir uns selbst* (11. ed.). Suhrkamp.

Kruse, O. (1991). *Emotionsentwicklung und Neurosenentstehung: Perspektiven einer klinischen Entwicklungspsychologie*. Enke.

Meador, B.S. (1992). *Uncursing The Dark*. Chiron.

Neumann, E. (1964 [1949]). *Tiefenpsychologie und neue Ethik*. Kindler.

Neumann, M. (1992). Die Beziehung zwischen Erich Neumann und C.G. Jung und die Frage des Antisemitismus. *Analytische Psychologie 23*, p. 3-23.

Rank, O. (1993 [1925]). *Der Doppelgänger*. Turia + Kant.

Samuels, A. (1993). *Politics and Psyche*. Routledge.

Schliephacke, B.P. (1974). *Märchen: Seele und Sinnbild*. Aschendorff.

Schlink, B. (1997). *Der Vorleser*. Diogenes.

Sherman, C. & Dickhoff, W. (1995). *Cindy Sherman im Gespräch mit Wilfried Dickhoff*. Kiepenheuer & Witsch.

Sigusch, V. (1997). Metamorphosen von Leben und Tod. *Psyche 51*(9/10), p. 835ss.

Sin-leqi-unninni (1997). *Das Gilgamesch-Epos*. Reclam.

Spillmann, B. (1998). Die Wirklichkeit des Schattens – Kritische Überlegungen zu C.G. Jungs Haltung während des Nationalsozialismus und zur Analytischen Psychologie. *Analytische Psychologie 29*(4), p. 272-295.

Strauch, I. & Meier, B. (1992). *Den Träumen auf der Spur*. Huber.

Vierzig, S. (1984). *Das Böse*. Kohlhammer.

Vogel, R.T. (2015). *Das Dunkle im Menschen: Das Schattenkonzept der Analytischen Psychologie*. Kohlhammer.

Wolkenstein, D. & Kramer, S.N. (1987). *Inanna: Queen of Heaven and Earth*. Harper & Row.

Conecte-se conosco:

f facebook.com/editoravozes

📷 @editoravozes

𝕏 @editora_vozes

▶ youtube.com/editoravozes

🟢 +55 24 2233-9033

www.vozes.com.br

Conheça nossas lojas:

www.livrariavozes.com.br

Belo Horizonte – Brasília – Campinas – Cuiabá – Curitiba
Fortaleza – Juiz de Fora – Petrópolis – Recife – São Paulo

Vozes de Bolso

EDITORA VOZES LTDA.
Rua Frei Luís, 100 – Centro – Cep 25689-900 – Petrópolis, RJ
Tel.: (24) 2233-9000 – E-mail: vendas@vozes.com.br